JN158115

仕事を
高速化する
「時間割」
の作り方

平野友朗＝著

Contents

『仕事を高速化する「時間割」の作り方』目次

Prologue

「時間」と「お金」——どちらが大切ですか？

24時間営業から定時退社へ

時間管理ができるようになると何が起きるのか。**人生が変わる**と断言します。私がそうだったからです。

これは仕事に限った話ではありません。時間管理ができるようになると労働時間が減り、趣味に時間を費やしたり、家族との団らんの時間を増やしたり、スキルアップに励んだりすることができるようになります。

何をもって充実した人生とするかは人それぞれですが、時間の使い方が人生を決めるといっても過言ではありません。

「やりたいことがたくさんあるのに時間が足りない」
「定時に帰りたいのに仕事の量が多すぎる」
「自分の予定を管理できない」
「仕事の抜け漏れがある」
「何を試してもうまくいかない」

困っていることがあって「なんとかしたい」と本書を手に取った方も多いでしょう。

時間管理は学校では教えてくれないけれど社会に出ると必須。できないとあっという間に時間が過ぎて残業の毎日。

必要に駆られて工夫してもうまくいかない。必要だとわかっていながら対策を後回しにしてきた人もいるのではないでしょうか。

手帳術、ノート術、付箋仕事術、整理術などいろいろな手法があります。私も効率を求めていろいろと試したけれど、どれもしっくりいきませんでした。試しては止め、試しては止め……。同じような経験をしている方も少なくないと思います。
本書では、そんな**私がついに見付けた「うまくいく方法」**を紹介します。

私は大学卒業後、広告代理店勤務を経て独立。個人事業主からスタートしてアイ・コミュニケーションという法人を立ち上げ、日本ビジネスメール協会という組織も運営しています。

今でこそ**定時（18時）に退社する生活**を送っていますが、起業した当初（14年前）は悲惨な生活をしていました。夜中の2時、3時まで仕事をするのが当たり前。パソコンの前でうとうとして目が覚めると朝。そのまま作業を再開するような毎日でした。四六時中メールをチェックして、夜の12時過ぎに入った依頼は明け方までに対応。24時間営業のような状態です。

会社を辞めて起業したばかりだったので必死だったこともあり、時間感覚がまひしていました。常に仕事をする。それが、効率が悪いかどうかは考えることもなく、がむしゃらであることが素晴らしいとさえ思っていました。

30歳を超えたとき、今の働き方では何のために独立したのかわからない。この働き方を何年も続けることはできない。そう思い、時間管理を根本的に見直しました。

残業＝仕事をしているふり!?

振り返ると起業する前、会社員時代も朝から夜まで会社にいるような生活でした。終電で帰ることも珍しくなく、毎日21時過ぎまで会社にいました。定時に帰った記憶は一、二度しかありません。その生活が辛かったから独立したのに働き方は何も変わっていない。それどころか労働時間は増えている。

「残業ばっかり」と思っていた会社員時代、私が勤めていた会社には部下が帰るとき、先輩や上司に「何かお手伝いすることはありませんか」と聞く習慣がありました。

「平野君、帰るならこれをやってもらえるかな」「それならこれをお願いします」と毎日のように帰る間際に依頼され、手伝うことに。すると、どうなるか。そう、夜の手伝いのために体力を温存。本業である昼の営業活動をセーブするようになります。そうしなければ一日が回らなかったのも事実です。今思うと、なんとまあ密度の低い仕事をしていたのかと呆れます。

密度が低くても毎日、会社で長時間を過ごしていれば「こんなに尽くしているのに評価されない」「こんなに残業しているのに報われない」と被害者意識が募ってくる。

でも、密度を高く、生産性を高めていれば、もっと早く帰れたし帰り間際の依頼も効率よくこなせたはず。会社にも評価されたはず。**不平を言う前に早く帰るための工夫**をしたか、評価してもらうための努力をしたか。できることはたくさんあったのに、何一つやろうとしていませんでした。

そもそも、残業をしていた理由がよくない。

「ただなんとなく」
「帰りにくい空気がある」
「成果を上げていないから先に帰るのが申し訳ない」
「夜のほうが効率はいい気がする」
「頑張っていることをアピールしたい」

これでは仕事をしているというよりは、仕事をしているふりをしていると言われても仕方がありません。これらの言葉にドキッとした人も多いのではないでしょうか。

「私は違う」とムッとする人がいるかもしれません。しかし、どうしても自分には甘くなるもの。離れたところから自分を眺めると見えてきます。

時間管理を突き詰めていくと「できていない」「無駄がある」「1、2割は時間が捻出できそう」と自分の課題に気付きます。できているようで、できていないのが時間管理です。

会社員時代の私は仕事を依頼されるたびに「あの人のほうが暇そうなのに、なんで私に依頼するんだろう」と思っていました。自分の仕事だけで手一杯。手伝う余裕がない。余裕がないことを正当化していました。

でも、**余裕がないなら、余裕が持てるようにスキルアップを図る**べきです。

自分の仕事の容量（能力）をコップに例えてみましょう。コップ（容量）に水（依頼）が入るとあふれる前に断ろうとする。「もう水（依頼）は入りません」と。

当然、コップの大きさしか水は入りません。常にコップの水が満杯だったら追加は入りません。でも、コップを大きくできれば今以上の水を注ぐことができる。コップを大きくしていくのが仕事です。いつまでたっても小さなコップのままでは評価されません。そうとは思わず、小さなコップになみなみと注がれた水を見せて「これ以上、水は入りません」「あっちのコップのほうが空いています」と仕事を断る理由を探し続けていました。

コップを大きくする努力をして、あふれる前に対処する術を身に付けていれば私の会社員時代も違ったものになったでしょう。起業してからの成功も、もっと早かったはず。

今の仕事量は会社員時代に比べると10倍は超えています。

顧問先へのコンサルティング、毎日３００通のメール処理、日刊でのメルマガ配信、毎月5日から10日ほどの出張、毎月約80分の動画教材の収録、年間１２０回以上の講演や企業研修、年間３００冊の読書、年間2冊から3冊のペースで出版、２つの組織の経営。これらは仕事の一部ですが、これだけの仕事量でも毎日18時の退社を貫いています。

昔の私が聞いたら驚くに違いありません。今より10分の1の仕事量でアップアップしていたんですから同じ人の話とは思えません。でも、人は変わります。いや、変われます。

変わるのに**才能やセンスは要りません。意識を変えて、行動を変える。ただそれだけです。**

「お金の使い道」と「時間の使い道」

ここで頭の体操をしてみましょう。毎朝起きたら枕元に8万6400円の現金が置いてあり、好きに使っていいと言われたらどうしますか。8万円に消費税8％で8万6400円。跳び上がって喜ぶ人もいるでしょう。

でも、一つだけ条件があります。

「このお金は今日中に使わないと消えてしまいます」

セミナーでこの話をすると面白いようにさまざまな意見が出ます。

・エステに行く

・高級ホテルに泊まる
・セミナーや読書など自己投資をする
・金や株など換金性の高いものを買う
・宝くじや馬券を買う
・家や車をローンで買って毎日8万6400円返済する
・友だちと食事に行ってご馳走する
・好きに使って余った分は募金する

みなさん、いろいろな使い方を思い付きます。その後で私はこう言います。

「1日って8万6400秒なんです。8万6400秒は平等に与えられたもの。どう使うのかは自由。浪費しても使わなくてもいい。でも貯めることはできない。お金だったら使い切ると答えましたが時間だったらどうでしょう。みなさんにとって**1秒と1円は、どっちが大事ですか**」

ほとんどの人がハッとします。お金は「もったいない」と使い切ろうとするけれど時間は「明日もあるからいいや」と使おうとしない。今日という時間が明日に加算されるわけではないのに。

時間をおろそかにすれば時間に泣くことになる。時間と真剣に向き合う。それが私の時間管理の根底にあります。時間は有限です。限りある時間をどう活用すれば生産性は上がるのか。

おなじみの時間管理ツールを使わない！

仕事のスピードを上げるポイントは４つあります。

① 一つのことに集中する
② 情報を一元管理する
③ 繰り返しの業務の効率を突き詰める
④ 一つ一つの作業スピードを上げる

当たり前だと思うでしょうか。でも、この4つが全て完璧にできている人に会ったことがありません。意識しているのにできていないというよりは、ここがポイントだと気付いていないようです。かつての私もそうでした。

時間は自分で管理できるし、むしろ自分の時間は自分でしか管理できません。自分が管理しなければ誰も管理してくれません。誰も他人の時間は管理できないのです。

最初の一歩は、すべきことを予定通りにする。ただそれだけです。そのための方法を知り、実践すればおのずと時間は管理できるようになります。

難しいことはありません。複雑なこともありません。手帳、ノート、付箋、卓上カレンダーといった、時間管理や仕事術というと耳にすることの多い代表的なこれらのツールも私は使っていません。使わないことにしたら、すぐにうまくいくようになりました。**常識を疑う。ここに成功の鍵**があります。

時間管理のテクニックは仕事からプライベートまで、あらゆる場面で応用できます。できるようになるのに早すぎることはありません。何をやってもうまくいかなかった昔の私に今すぐ読ませたい。時間管理の袋小路で迷子になっている方に読んでほしい。

この本をきっかけに時間管理の悩みが一つでも解消できますように。

２０１７年10月吉日　平野友朗

Chapter

1

付箋を使うな

衝動的な反応が無駄な時間を生む

Point

01

付箋を使うとスピードが落ちる

誰もが一度は使ったことがあるツール。それが付箋でしょう。

私も長い間メモに使っていました。しかし、今は滅多に使っていません。使うとしたらちょっとしたメモや本のしおり代わりくらい。ノベルティでもらった付箋は、使わないので人にあげたり、捨てたり、定期的に処分しています。

付箋は紛失するのが難点

私が付箋を使わない理由は明確です。

付箋は貼ったり剥がしたりを繰り返すと粘着力が弱くなり、ぺらっと剥がれてなくすことがあるからです。

備忘録としてパソコンのモニターに貼っていたのに、いつの間にかなくなっている。

「あれ、どこに行った」と探しても見付からない。忘れた頃、デスクの下に発見。ノートに付箋を貼っていたはずが、別の紙に貼り付いている。

付箋のメリットが、私にとってはデメリットなのです。どこに書いたのかわからなくなったのも一度や二度ではありません。

付箋でスケジュールを管理するという話を聞きますが、これも難易度が高い。付箋に予定とＴＯＤＯを書いて手帳に貼り付ける。変更があれば書き直す。予定通りにできなければ翌日に付箋を移動する。

付箋をぺらっと剥がして貼るのは簡単ですが繰り返していると粘着力が弱くなります。移動したつもりが、貼れていなければ漏れが起きます。楽なようで管理に神経を使うのでズボラな私には無理です。

コミュニケーションツールとしての付箋の代わりに

以前、スタッフへ書類を渡すときには付箋を付けていました。何のメモも付けずデスクの上に書類を置いたら、スタッフに意図が伝わりません。

「これは役に立つと思うから、目を通してくださいね」
「この資料は経費処理に使ってくださいね」
「この書類は念のため渡しておきますね。不要なら処分してください」

このように、書類を渡す目的を付箋に書くようにしていました。

請求書の発送依頼などは、付箋を付けずに請求書をデスクの上に置いても対応してもらえるでしょう。私が請求書を作成してスタッフが郵送するというフローになっていれば、共通の認識ができているからです。ただ、ポンと書類だけが置いてあると、ちょっと乱暴な依頼ですし、失礼に感じる人もいます。

そのため、請求書に付箋を貼って「発送をお願いします。平野（印鑑）」と書いていました。スタッフは請求書を送り、付箋は破棄します。

請求書の発送依頼は月に30件くらい。一度にまとめて依頼することもありますが、毎月

20回くらいこのようなメモを書いていました。正直なところ面倒な作業です。

今ではクリアファイルに「請求書の発送をよろしくお願いいたします。完了後はファイルをご返却ください。平野友朗」と書いた紙を貼り、その中に請求書を入れてスタッフのデスクの上に置いています。

スタッフはクリアファイルから請求書を抜いて発送し、空のクリアファイルを私に返却する。これによって年間240回くらいの付箋に書く作業を減らせました。

このようなクリアファイルを複数用意して、その都度使い分けています。

付箋でパスワード管理はアウト

パスワードを付箋に書いてパソコンのモニターに貼っ

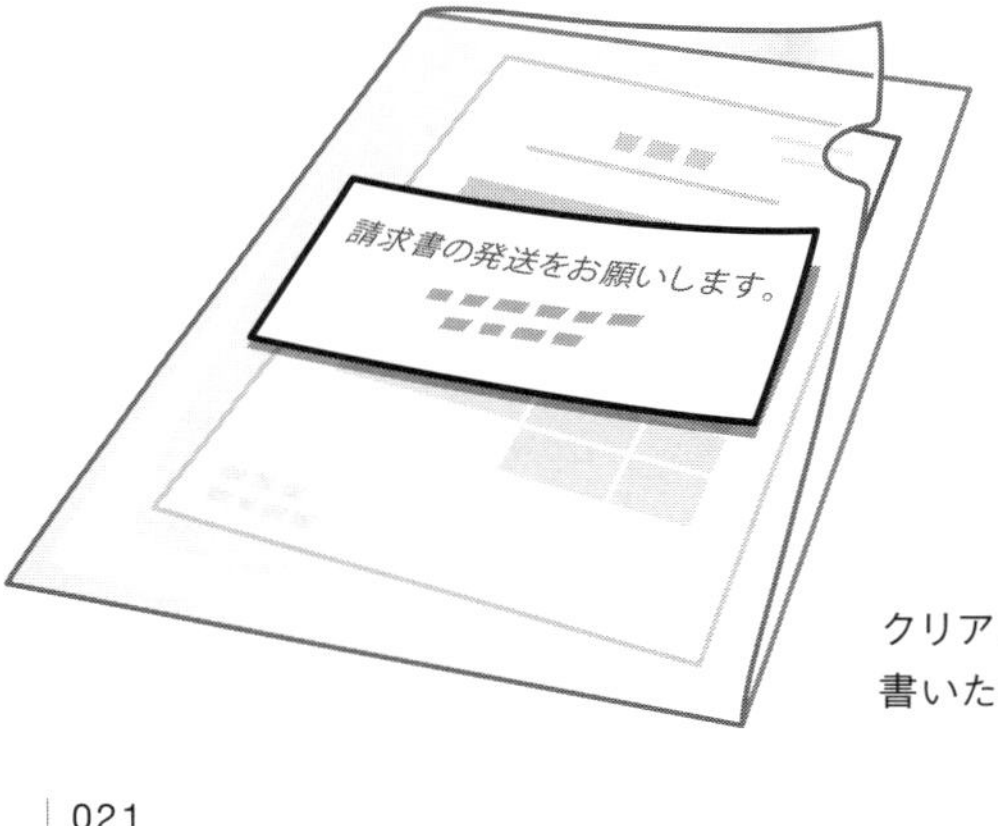

クリアファイルに、書類を渡す目的を書いた紙を貼り使い回す

ている人を見かけることがありますが、セキュリティ上、完全にアウト。パスワードを知りたいとき目の前にあるから便利だとしても、パスワードを貼ったパソコンを紛失したら、パスワードを書いた付箋をなくしたら……。考えただけでも恐ろしい。周囲の信頼を失うだけでなく、回復に膨大な時間を要します。これも完全に時間の無駄です。

付箋が集中力を奪う

問題はこれだけではありません。付箋が気になるということ。実はこれが大きなデメリットです。

付箋がパソコンのモニターに貼ってあると知らぬ間に目がいきます。「それが便利だからやるべきことを書いて貼っておくんだよ」という声が聞こえてきそうですが、視界に入って気になるというのは思っている以上に仕事のスピードを落とします。これが実に厄介。

□ 山田さんに電話
□ 山本さんにメール

□ 飛行機予約

その文字を読んで「面倒だなー」「そろそろやらないと本当にやばいぞ！」と思考が飛び、集中力が切れます。今やっている作業から付箋に気持ちは移り、付箋が気になって仕方がない。

この思考の寄り道こそ、効率を下げる最大の原因です。普段から貼ってある付箋を気にしていないという人もいますが、付箋を意識できていないなら貼っている意味がありません。

意識がAからBへ、BからAへと行ったり来たりするのは集中できていない状態です。行ったり来たりすれば、それだけ時間を奪われます。

最短距離で業務を遂行したければ一つのことに集中

貼ってある付箋が気になると、思考の寄り道が始まる

する。そのためにも気が散るようなことはしない。それが付箋を使わない最大の理由です。

Point 02

卓上にカレンダーを置くな

卓上カレンダーも5年くらい前から使っていません。

毎年年末になるとカレンダーが送られてくるので「せっかくだから」と軽い気持ちでデスクの上に置いていました。メモ欄が小さいので主要な予定だけを書き込んでいました。

これが実は効率を下げる原因になっていたのです。

卓上カレンダーでのスケジュール管理にはデメリットが2つあります。

①一元管理ができない

②視界に入る

スペースが小さいゆえの限界

卓上カレンダーは記入スペースが小さいので書けることが限られます。「A社で研修」「経費精算」など予定を書いたらもういっぱい。いくつも書けないので大きなイベントだけ書くようにすると、卓上カレンダーに書く予定と書かない予定が出てきます。

さらに、予定に付随する情報は、スペースがなくて書けないから別に記録するなんてことになる。つまり、2カ所以上で情報の管理をすることになります。

卓上カレンダーに詳細なスケジュールを書き込んでも、手帳に必ず転記する場合、卓上カレンダーに予定を書いた後、メインのカレンダーに書き忘れて約束を二重にしてしまうこともあります。予定が変更になれば、メインのカレンダーを修正して、卓上カレンダーも修正する。同じことを2回しなければなりません。しかも、忘れることなく、間違えることなく。

こうした行動の重複が無駄を生みます。塵も積もれば山となる。無駄な時間の積み重ねが大きな無駄につながります。

時間の損失だけではありません。書き忘れ（転記漏れ）のリスクもあるし、管理するものが増えれば増えるほどエラーも起こりやすくなります。

情報は一カ所で管理するべきです。卓上カレンダーはそれには向きません。一元管理ができないということは、メインツールにはなれないということです。全ての予定や情報を記録する媒体が必要になります。

雑念がわくきっかけに

2つめのデメリットが「視界に入る」。これは付箋と同じです。

パソコンのモニターを見て集中していたとしても、ふと視線を落として卓上カレンダーが目に入った瞬間、思考の寄り道が発生します。集中はプチッと切れて気持ちはカレンダーに。

「来週は出張かぁ〜。忙しくなるなぁ」
「ホテルをまだとっていないなぁ。ヤバイかも」
「今月は祝日があるんだった。ラッキ〜。何をしようかなぁ」

このように雑念がわいてきます。こうなったら最後。意識は目の前の業務から遠く離れていきます。

卓上カレンダーを暦の確認のために置いている人もいるでしょう。「今日は何曜日だっけ」と思ったときに確認できるから便利。これだけの利用目的なら賛同できます。

だとしても、クラウドツールのカレンダーを使っていれば、それを見ればいい。仕事ではブラウザを開いていることも多いでしょうから確認する時間もかかりません。手帳を使っているなら、手帳を開けばいい。

必要なときのみ視界に入るようにする。不要なときに視界に入り、気が散ることのほうが不便です。

私は多くの時間をパソコンの前での仕事に費やしています。常にＧｏｏｇｌｅ Ｃｈｒｏｍｅのブラウザを利用し、タブでＧｏｏｇｌｅカレンダーを開いています。カレンダーを見たいときはタブをクリックするだけで瞬時に呼び出すことができ、スピードも落ちません。

Point
03

ケータイやスマホを視界に入れるな

いまや携帯電話やスマートフォン（以下、スマホ）は仕事の必需品。私も外出するときは必ずスマホを持っていき、予定の確認やメールのチェックをしています。何かあればスマホから電話をかける。外にいてもオフィスにいるのと同じように仕事ができています。

でも、この便利なスマホ、オフィスにいるときは一切使いません。鞄の中にしまって視界に入らないようにしています。スマホは外出時のツールであってオフィスにいるときに仕事の電話がかかってくることはないからです。

場所を問わず仕事でスマホを使っているなら常に携帯して注意を向ける必要があります。でも、そうではないならスマホには関わらないほうが仕事は捗ります。

スマホにアプリを入れているとプッシュ通知が届きます。ＦａｃｅｂｏｏｋやＬＩＮＥのメッセージ、ニュースサイトの新着情報。届けば気になるものなので、必要なもの以外、全てのプッシュ通知を止めました。

商談中にスマホを見ない

仕事中、こういったものが届くたびに気になって視線を向けてしまう人をよく見かけます。

以前、初対面の方と打ち合わせをしていると、その方のスマホにメールの着信がありました。私を見て商談を続けてはいるものの、メールが気になって仕方がないようでチラチラと目線が移動します。

気にしているし急ぎの用件かもしれないので「メール、見てもらってもいいですよ」と伝えたところ、喜んでチェックをし、何事もなかったようで安心していました。

これは本来の商談の目的を見失った行動です。目の前の相手に集中すべきなのにスマホに気を取られているなんて、何をしに来たのって話です。心ここにあらずの状態で商談がまとまるわけがありません。

このようにスマホは集中力を削ぐものなのでデスクの上には置かないほうがいいでしょう。まして商談の席では言うまでもないことです。

バイブレーションも気を散らす要因に

デスクで仕事をしているときもスマホは視界に入らないところへ。個人のスマホを使っていれば個人宛ての情報も届き、仕事とプライベートの境目がありません。なおさら仕事中はスマホと距離を取ったほうがよいでしょう。

画面を裏返して置けばいいじゃないかと思う人もいるようですが、裏返していても着信を知らせるバイブレーションの、ちょっとした振動に気付きます。

数名で打ち合わせをしているときに卓上のスマホが震えれば「ん？　何だ？」「誰の携帯が鳴っているんだ？」と一瞬でみんなの気が散ってしまうことにもなりかねません。

どうしてもデスクの上にスマホを置いておきたいときは、音も消して、通知も消して、裏返す。ただ、それでも「何か連絡が来ているかも」と気になってしまうなら、鞄や引き出しの中にしまったほうがいいですね。

Point 04

電話があなたのペースを乱す

すぐに聞きたいからとメールで済むような用件で電話をかける、面倒だからと調べもせずに電話で聞く、考えを整理せずに電話をかける。そうした行為が相手の時間を奪います。

電話だけだと「言った・言わない」の論争にもなりやすく、これを解消するために、さらに時間がかかります。だから、私は明確な理由なしに電話をかけません。そして、電話には出ません。

メールを基本のコミュニケーション手段にしています。メールで正しく伝えることに心を砕けば、その後、問題になることはありません。

一文を短く、「なるべく早く」「できるだけ多く」のような曖昧な言葉を避けて具体的に書くだけで、格段に伝わりやすくなります。

全てを電話で済ませようとするのは、自分にとって都合がよくても相手に対する配慮が足らないのではないでしょうか。

文字で伝えるメールで足りるもの、メールが適しているものはメールで。相手の反応を確認しながら口頭で伝えたほうがいい、難易度が高く複雑なものは電話で。このように目的をもって手段を使い分けることがコミュニケーションの効率化につながります。

私が「電話に出ない」理由

電話応対はスタッフが行っているので私が最初に電話を取ることはほとんどありません

が、私宛ての電話であっても面識がない、理由がわからないものには出ません。

営業電話なら、会社ホームページの問い合わせフォームから、あるいはメールを送ってもらうようにスタッフから伝えてもらいます。

面識がある、理由がわかる電話は、緊急であればすぐに出ますし、そうでなくても、業務を中断できれば対応します。ただし、高い集中力を要する仕事（執筆など）の最中は、後で折り返すと伝えてもらいます。

私の仕事の多くが、コンサルティングや研修の資料作りや執筆など、それなりの集中力を要します。しかも一気に作業したほうが効率がよいのです。

スタッフにも無理に電話に出る必要はないと伝えています。

例えば、社内に電話の対応ができるスタッフが3人いて、どうしても集中しなくてはいけないなら「今は○○に集中しなくてはいけないため電話の対応ができません」と他のメンバーと調整すればいい。誰も電話に出ないという状態にさえならなければ、仕事に集中できる環境づくりは一人一人が工夫すべきです。

席を外して会議室で仕事をしてもよいでしょう。暗黙の了解として、ヘッドフォンをしながら仕事をすることも認めています。音楽を聴いて生産性が高くなるなら問題ありません。いずれも、他のメンバーと協調できていることが前提です。

電話に出ないのは、経営者という立場にあるからできるとは限りません。一緒に働く仲間と調整さえすれば誰にでもできることです。

電話の代わりにメールで信頼を勝ち取る

朝から夕方まで企業研修の会場に缶詰めになり、休憩中もお客さまとずっと一緒で電話に出られないこともあります。出張でオフィスにいないことも多い。

だから、電話をかければいつでもつながる、電話で話ができる、それが当然という印象を与えないようにしています。

普段から周囲に自分の仕事のスタンスを伝え、理解を得られると仕事は格段にしやすくなります。

私はスマホの電話番号を滅多に教えません。かかってくるのは社員以外だと年に4回から5回程度です。

一度でもスマホへの連絡を許すと、次から内容を問わずかかってきてしまう。だから、連絡はメールか会社の電話へお願いしています。

待ち合わせでスマホの番号を教えることはありますが、できるだけFacebookでメッセージを送ってもらうようにしています。電車で移動中に電話がかかってきても出られないのでメールやメッセージのほうが確実です。

周囲の信頼を勝ち取るのに有効なのがメールです。メールを見たらすぐに返事をするようにしています。メールは自分のタイミングで使えるので無理せず対応できます。

通常、メールの返信は12時間以内にしています。手が空いたらすぐに対応するので平均は3時間から4時間以内でしょう。ここまで早ければ問題になりません。

メールのスピードアップについては第5章でじっくりお話しします。

Point

05

衝動の反応をゼロにする

付箋を見てしまう、カレンダーを見てしまう、スマホに通知が届いたら気になる、携帯電話が鳴ったら気になる。

今までやっていた作業を強制的に中断させられて別のものが気になってしまう。これが仕事中、頻繁に起こっているなら要注意。自分で自分の足を引っ張っているようなものです。

やるべきことがあるのに刺激に反応してしまう

私はこれを「衝動の反応」と呼んでいます。

今やるべきことがあるのに、ある刺激が与えられると反応してしまう。反応したくないのに気になって仕方がない。集中して作業をしたいなら、衝動の反応を限りなくゼロに近づけるしかありません。今、目の前の業務に集中すべきなのです。

仕事を予定通り進めるためには寄り道をしている暇はありません。

「ちょっとくらいいいだろう……」
「ほんのちょっとだから……」

この繰り返しが膨大な時間を無駄にします。

一度でも脇道にそれたら元に戻るのに時間がかかります。ネットサーフィンはその典型。作業中に思い出して検索、別の記事が気になってクリック、広告が目に入ってクリック。気付いたら30分も経っていて自責の念に駆られる。こうした衝動と闘えなければ時間を管理できません。

ある情報がトリガーになって思考が飛ぶ。気になって頭から離れない。今していることに集中できなくなり、今やらなくてもいいことなのに、やらないと気が済まなくなる。思考が飛ぶたびに仕事の効率は悪くなります。

だから、思考が飛ぶきっかけになるものは近くに置かない、やらないと決める。

「気になる」という欲求に負けてしまうとしたら、自分自身の忍耐力のなさが原因です。

衝動に対する耐性を身に付けるか、衝動を起こすトリガーから距離を取るしかありません。

「トリガー」と距離を取る

自分が衝動の反応をしたら「今、衝動の反応をしているな」と意識します。意識できたら「なんでこれをやっているんだろう」と原因を探ります。

付箋を見て衝動の反応が起こったなら付箋を使わない。ウェブサイトの広告を見てクリックしたくなったら「後で見る」と決めてTODOリストに入れる。後でTODOリストを見たら「なんでこれが気になったんだろう?」と見る気がなくなることは多いものです。

衝動の反応を生み出す原因がわかったら、それと距離を取ります。

本書の執筆は自宅か早朝または土日のオフィスで行っていました（もちろん、土日に稼働した分は平日にしっかり休みを取っています）。電話は鳴らないしスタッフから声をかけられることもない。割り込みの仕事も入りにくい。だから集中力を削がれることはありません。

「集中できる時間」を基準に予定を立てる

一つの予定は一回に集中できる時間を基準に組みます。長時間集中するのは誰でも大変ですが、30分や1時間であればなんとか誘惑に負けず集中できるのではないでしょうか。学校の授業時間と同じです。予定の時間はかたまりを小さくすると取り組みやすくなります。無理なく集中できる最小単位の時間を目安にします。

執筆は1時間を目安にしています。例えば、今日は3時間執筆すると決めたら、50分の執筆と10分の休憩をセットにして、３セット繰り返します。

1時間を意識するためにタイマーをかけてもいいですね。ダラダラと作業しない。決めた時間内は集中する。集中を強いるだけでは持たないので休憩も入れる。休憩も仕事の一部です。

気分が乗ったら3回連続で3時間、一気に執筆。たった3時間ですから、電話に出なくてもメールを見なくても問題はありません。

集中できる環境に身を置き、集中を維持できれば効率は上がります。

Point
06

人に反応しない環境をつくる

人から声をかけられて反応するのも衝動的な反応です。声をかけられたら無視するわけにもいかないので反応せざるを得ない。

もちろん、社内であれば声をかけるのを遠慮する必要はありませんが、配慮は必要です。声をかけるときは相手の様子を探ってから。声をかけても大丈夫そうなときに声をかける。

パソコンに向かって忙しそうなときは、チャットで「今、話せますか?」とひと言メッセージを送ってもいいですね。相手から返事がなければ後にすればいいし、「話せますよ」と返事がきたら声をかければいいわけです。

静かなオフィスで「○○さんちょっといいかな」「○○さん今は何をやっているの」と声をかけると、他の人も「何かなぁ?」と耳を傾けてしまい集中力が途切れてしまうこともあるようです。騒がしいオフィスは刺激に慣れているためそこまで気にする必要はありませんが、静かなオフィスの場合は、メールやチャットでメッセージを送る気遣いがあってもよいでしょう。

職場によって対応策は異なりますが、一人一人が「衝動的に反応していないか」と振り返り、衝動的な行動を減らすことに意識を向けるべきです。

振り回したり、振り回されたりしていたのでは、いくら業務改善をしても前に進めませんからね。

Point

07

仕事中の「あ!」は禁句

仕事中に「あ! 忘れていた」「あ! 思い出した」とつい言ってしまうことはありませんか。これが頻繁に起きているなら要注意。私は「あ!」という言葉を「禁句」にしています。思い出したんだからいいじゃないかと言われそうですが、それではダメです。思い出したということは、それまで忘れていたわけです。「思い出した」という発言は「私は仕事の管理ができていません」と宣言しているのと同じ。思い出すことが仕事の足を引っ張っています。思い出すというのは衝動的な反応です。

思い出したのにはきっかけがあります。何かを見て、聞いて、連想して。何かに刺激されて衝動的に思い出しています。

「あ! そうだ、○○さんに電話をしないと!」

「あ! そうだ、セミナーのお礼メールを送らないと!」

「あ！　そうだ、研修資料の印刷を忘れていた！」
「あ！　そうだ、新商品の告知をしないと！」

突然、思い出したことがタスクリストの最上位にきます。電話を1本かけるくらいなら5分から10分で済むかもしれませんが、もっと大きな仕事の場合は丸1日かかるかもしれません。

思い出したタスクを実行するために他のタスクを後ろにずらさなくてはならず、各所に連絡をしたり、お詫びをしたりしなくてはいけなくなるかもしれません。

周囲に迷惑をかけなくてもスケジュールが間に合わないために、残業や休日出勤をしなければならなくなることもあるでしょう。これでは自分の首を自分で絞めているのと一緒です。

「あ！」が多い人は、他人の発言、カレンダー、メール、いろいろな情報がトリガーとなってすべきことを思い出しています。すべきことを管理できていないので、常に思いつきで仕事をします。今やっていることが後回しになり、今すべきことがおろそかになる。

完全に悪循環です。

Point

08 タスクを記録する

思い出すことがないよう全てのタスクを記録する。記録すれば把握できます。記録していないから頭から漏れてしまうのです。

私はGoogleカレンダーで全ての予定を管理し、TODOリストにタスクを記録しています。

やらなくてはいけないことが発生したら必ず記録。具体的なタスクになっていなくても、いったんそこにメモをします。

パソコンに向かっているときは常にGoogleカレンダーを開いています。メモを取るのはGoogleカレンダーとその横にあるTODOリストにと決めて一元管理を徹底

タブブラウザで常にカレンダーを開けるようにしておく

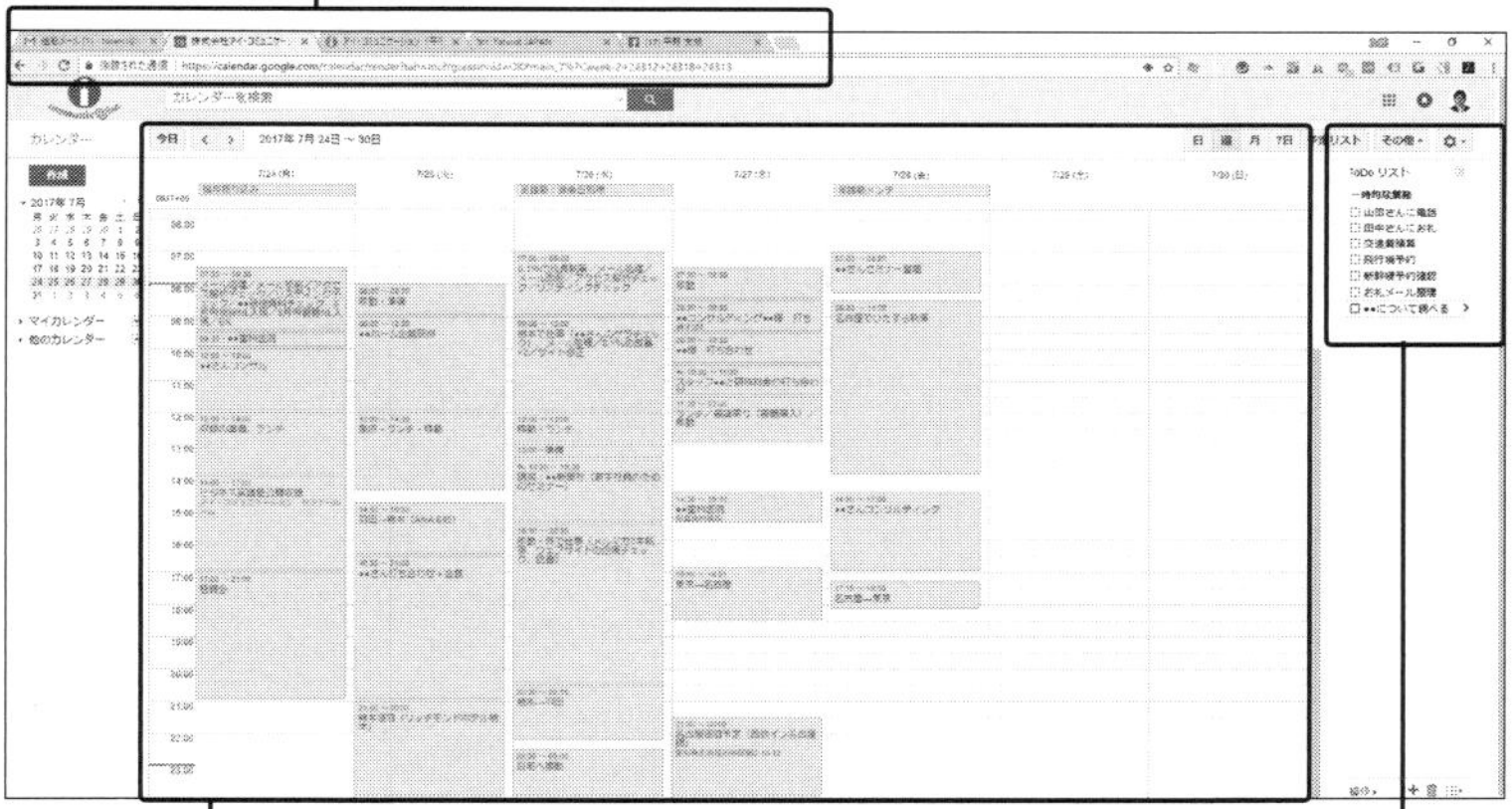

スケジュールは、Googleカレンダーのみで管理

TODOリストを横に表示
ちょっとしたメモを記憶せずに記録する

していいます。どこにメモを取るか決めておくと、自然とそうするのが当たり前になっていきます。

「行動の通り道」にメモを残す

では、パソコンが目の前にないときはどうするか。

例えば、企業研修の最中に「○○をやろう」とひらめくことがあります。メモを取りたいけれどＴＯＤＯリストは開けない。そんなときは研修資料にこっそりメモを取ります。

思いついたときに記録しておかないと忘れてしまいます。メモは雑で構いません。後で思い出すトリガーになればいいのです。

重要なのは、研修中のメモは研修資料の表紙に書くと決めておくこと。表紙であれば、片付けるときに目に入り、メモに気付きます。資料の中にメモを取ると、どこに書いたかわからなくなったり、資料を開くことを忘れてしまったりするのです。

行動の通り道にメモを残せば、そのメモに気付けます。「メモを見る」という新たなタスクも不要です。自分の行動パターンに合ったメモの取り方ができれば、忘れることもありません。

移動中はGmailの下書きにメモを取ります。メールは毎日チェックするので確実に気付けます。

普段の通り道でないところにメモを取ると、そのメモを紛失することがあります。以前、外食中にアイデアを思い付き、箸袋にメモをして胸のポケットに入れたことが何度かありました。しかし、胸のポケットにメモをしまうことが習慣になっておらず、50%の確率で洗濯していました。

習慣になっていないことはできません。気付ける場所にだけメモを残しましょう。

Point

09

記憶よりも記録

「何かやらなくてはいけなかったはずだが、何だろう」

「これってどの手順でやるんだっけ」
「○○さんが何か言っていたよなぁ」

このように思い出せず、立ち止まってしまうことはありませんか。
瞬時に思い出せるなら時間のロスは少ないでしょう。しかし、自分で考えたり、検索したり、人に聞いたりと、そうしたことで費やす時間は初めから覚えて（把握して）いれば発生しなかった時間です。

解決方法は、発生したときにメモを取る。たったこれだけです。
社会人になると「メモを取れ！」と厳しく言われますよね。私も何度、上司に言われたことか。

当時は、この程度のことはメモなんて取らなくてもまだ若いんだし記憶できると思っていました。実際に大抵のことは覚えていましたが、大抵ですから完璧ではありません。10言われたうち、9覚えていて、1忘れていたとします。それを優秀だと言えるでしょうか。9も覚えているんだから90点。賢いなぁ、なんてことにはなりません。残りの1を人に聞いたり、思い出したり、無駄な時間が発生しています。作業全体が遅れる可能性もあるのです。仕事の管理は100点で当たり前。一つでも漏れてはいけないものです。

完璧に記憶するのは無理だから外部装置を使う

とはいえ、全てを覚えておくなんて無理。私たちは記憶力選手権に出るわけではありません。覚えていなくてもいい、すぐに思い出せればいいんです。人は忘れる生き物です。忘れるのが大前提。

だから、自分の記憶装置（頭の中）ではなく、外部の記録装置（メモ）を使いましょう。メモをどこに取ったのかだけ覚えておけば、無理して内容まで覚える必要はありません。必要なときに、そのメモを見るだけです。

仕事中に入る割り込みのTODOも、依頼されたら瞬時にメモを取りましょう。

作業中に「平野さん、手が空いたら○○さんに電話してくださいね」と言われて「はーい」と生返事。しばらくすると忘れてしまい、その日の夜になってふとした瞬間に思い出す。その結果、お詫びメールが1通増えます。

また、記憶にこだわりすぎると思い違いを生みます。全てを記憶できるというのは幻想です。

私も「記憶している=仕事ができる」という幻想にとらわれていたときがありました。記憶していることがカッコイイと思っていました。しかし、記憶からくる勘違いが一番の無駄だと思い知らされることが多かったのです。

打ち合わせでの記憶を頼りに資料を作ったら「そこまでしっかり作らなくてもよかったのに」と言われたり、記憶を頼りに作業をしたら手順が間違っていて一からやり直しになったり。結果的に時間がかかりすぎることになり、やろうとしていた作業が全て後ろにずれ込んでスケジュールが狂っていきます。

思い込みで進めず、事前にヒアリングをしたり、要件をまとめて確認をしたり、そのひと手間が無駄を防ぎます。手順書やチェックリストなど記録があれば、それを確認するだけで済みます。

「あれ、そうじゃなかったのか」という記憶違いをしないためにも、自分の記憶力を過信しない。やるべきことが発生したらすぐにメモを取る。どんなときでも忘れる前にメモ。何かをするときはメモを見る。『記憶』よりも『記録』です。

Point 10

思考の無駄を排除する

考えることは必要ですが考えすぎるとゴールに到達する前に力尽きてしまいます。重要なのは力を入れるべきところと抜くところを決めておくこと、ただそれだけです。

何から何まで考える必要はありません。毎回手順を考えたり、毎回文章を考えたり。頭を使うとやった気になりますが、やらなくてもいいことをしても評価はされません。仕事は似通った作業が多く、初めてやることも、過去にやったことがある作業の応用であることが大半です。

・請求書の発行
・提案書の作成
・交通費の精算
・稟議書の作成
・セミナー募集のチラシの作成
・要件を聞き出してまとめる

経験を引き出しやすいようにしておくだけで、未来の仕事が楽になります。最初は試行錯誤しても2回目は考える必要がありません。

セミナー募集のチラシを作るとします。まず、セミナーのチラシは基になるデータを作って所定のフォルダに格納する。新しくチラシを作るときは、そのファイルをコピーして開き、タイトルと日付を変えれば完成。文字を書き換えるだけでチラシが完成するなら楽ですよね。

でも、この「楽をする」という思考がないと、毎回レイアウトやデザインを一から考えてしまうのです。考えることが多いと頭が疲れ、途中で力尽きて雑な仕上がりになる可能性もあります。

考える必要がないものは考えない。そう割り切ってください。考える時間をたくさん取った人が偉いわけではありません。投下した時間に対しての成果が評価の対象です。

Point 11
考えないためにはルールを決めるのが一番！

ルールを決めると考える回数を減らすことができます。

「〇〇が起こったら××をする」と決めておけば、〇〇が起きたときに「何をしたらいいんだろう」と考え立ち止まる時間のロスがなくなります。

「メモは必ず〇〇で取る」「△△がなくなったら次は××を購入する」とあらかじめ決めておけば考える必要がなくなります。

日常生活は判断の繰り返し。仕事でも常に判断に迫られます。

メールを送るか電話をかけるかといった小さな判断から、A社からの値引き交渉を受けるかといった大きな判断まで、その都度、考えていたら消耗します。その場面になったらどのように判断するのかを事前に決めておけば機械的に作業ができ、効率も上がります。

値引きは最大30％引きまでにして、それ以上の値引きはどんな条件でも受けない。相見積もりになる案件は訪問しない。このように決めておけば考える必要がありませんからストレスも生まれません。

Point
12
言い訳する前に始める

時間管理はそもそも何のためにするのでしょうか。

実は、ある企業で「どうして残業をしているんですか？」と聞いたところ、予想外の答えが多数出ました。

「生活のために、残業する時間を取っています」

「家に居場所がないから、会社に残っています」

「帰りにくい雰囲気なんです」


なんとなく残業をしている。残業が問題だと思っていない。

このような考えを根底からくつがえさなければ、どんなに業務改善をしても仕事の時間は減りません。スカスカの密度の低い仕事が続くだけ。本心では「時間管理なんてできなくてもいい」と思っていると頭が受け付けないのです。


だからこそ、一度真剣に考えてほしいのです。なぜ時間管理を学ぼうと思ったのか。どうして本書を手に取ったのか。それをしつこく自問自答してください。言葉にすると思考を整理できます。

なんとなくの状態でいると、なんとなく時間は流れていきます。具体的な言葉にすれば具体的な解決策が手に入ります。

私　「なぜ本書を手に取ったのですか？」
あなた「会社から家に早く帰りたいからです」
私　「なぜ早く帰りたいのですか？」
あなた「子どもと一緒に食事を取りたいからです」
私　「どうして子どもと一緒に食事を取りたいのですか？」
あなた「私は両親が共働きだったので、ご飯がずっと一人でした。だから自分の子どもにはそんな思いをさせたくないんです」

これはあくまでも一例ですが、「なぜ」「なぜ」「なぜ」を繰り返すと早く帰りたい本当の理由や将来なりたい姿が見えてきます。

人は、本気でやろうと思ったことしかできません。
あなたは、なぜ早く帰りたいのですか。
なぜ、仕事の時間を圧縮したいと思うのでしょうか。

自分の本心に気付き早く帰ろうと決意したなら、自分でやり方や環境を変えるしかありません。

今日の自分にできないことは、明日の自分にもできません。どこかで歯を食いしばって遅延の連続を食い止めなければ、いつまで経っても先送り癖はなくなりません。

一気にスキルが高くなって仕事がすぐに終わるなんて夢みたいな話はないし、上司が助けてくれるなんていつまで言えるでしょうか。自分の仕事は自分で責任を持ってやらなくてはいけません。

言い訳しないと決める。これもルールにすれば、あとは従うだけです。

Column

雑誌やテレビの特集企画に惑わされるな！

みんな特効薬を求めています。

楽をして即効性が手に入るとどこかで信じているのかもしれませんが、過去の経験を通して、「努力が必要」「特効薬はない」と知っているはず。

でも、ごくまれに世の中を一気に変えるようなものに出合うことがあります。その記憶があるから、すがりついてしまうのかもしれません。

雑誌やテレビ、インターネットの情報もそうですが、本質的ではないものがもてはやされることがあります。

メディアとは、そのような特性があると思って付き合ったほうがよいでしょう。

本書で後に取り上げる「時間割」を作ることが時間管理の最終形で、万人に効くノウハウだとします。

でも、そのような情報だけ出していたら雑誌は売れません。売れ続けるためには、常に新しそうな概念を提供しないと読者が飽きてしまうのです。

そして、雑誌の特集で「今、流行っているのは付箋女子だ」なんて特集が組まれると、それに流されてしまう人がいるのです。

メディアは、これから流行りそうなものを「今のトレンドは○○だ」のようにセンセーショナルに宣伝します。

その結果、Aのツールに飛びつく。しばらく使ってダメだと感じて諦める。次は特集で挙がっていたBのツールに飛びつく。しばらく使って諦める。さらに、新しいトレンドでCのツールが特集される……。

こうしてツールジプシーが生まれていきます。

私は付箋や卓上カレンダーを否定しているわけではありませんが「それだけで仕事の管理ができる」というのは無理があると思っています。

仕事術を極めようと思ったら、情報に対する目を養い、自分の方法を極めるしかありません。情報を肯定するだけでなく、反論もしながらバランスよく向き合っていく。盲信するとバランスを失いがちです。

よい点があるということは悪い点もあるのではないかと常に考えてみてください。

メディアが情報発信するのには意図があります。

収益を上げたい、たくさんの人に正しい知識を得てほしい。そのせめぎ合いで成り立っています。

Chapter

2

ノートを使うな

ものを持たない整理術で仕事をスピードアップ

Point 13

ノートは不要、A4のコピー用紙で十分

管理するものを減らすと効率が上がります。

これまでノートパソコン、iPad、iPad mini、Kindle、iPhoneと数多くの電子機器を手にしてきましたが、今ではノートパソコンとiPhoneのみです。

複数の機器を管理するとそれだけ手間がかかります。複数の機器を扱っているという満足感はあっても、手間がかかった分だけ効率が上がったかというとそうでもありません。

「それであれば」となくてもいいものは潔く全て処分。ノートパソコンとiPhoneだけが手元に残りました。管理するものが減るとスッキリします。

私は7年ほど前からノートを使っていません。ノートはページ数に限りがあるので、案件が増えると冊数も増え、管理するものが増えていきます。

以前、『ｖｏｌ．１００』と書かれたノートを持っている人がいました。１００冊目ということは、過去のノートはどうしているんだろう。番号順に並べて管理しているのか、山積みにしているのか。１００冊のノートは有効活用されているのだろうか。人ごとながら気になって仕方がありませんでした。

私はノートを使わないだけでメモは取ります。お客さまとの打ち合わせでメモを取るときは、Ａ４のコピー用紙を使っています。Ａ４サイズのクリップボードにコピー用紙を10枚くらい挟んだものを持ち歩いています。

Ａ４のコピー用紙だけだとバラバラになったり折れたりするのでクリップボードに挟むようにしたところ、これが快適で持ち運びも楽です。

クリップボードは手軽なものから革製品まで豊富な品

クリップボードにコピー用紙を挟んで
メモを取る

揃えです。私は仕事の場にふさわしい素材を意識して、表紙が付いたタイプの革製品を使用しています。これだと紙を挟み込むことになるので、移動中に折れたり、鞄の中で汚れたりしません。

ノートを使わない理由

「A4のコピー用紙」という結論に至るまでは紙のノートを使っていました。

ノートは、情報を書くのにはいいですが、書いた中から必要な情報を探すのには不便。しかも、書いた情報が全て必要なわけではなく、残す必要のない情報が大半であることも。

実際にノートを見返してみると、話の整理のために取ったものが半分くらい、今後のTODOにつながるものが3割、必要になるかもしれないと念のために書いたものが2割くらいを占めていたこともあります。

必要な情報と不要な情報が混在しているノートを開き、その中から必要な情報を探すにはペラペラとページをめくって文字を目で追う。さまざまな文字が目に入り気が散りながら探す。

「あれ、書いていない」と別のノートに手を伸ばす。表紙からペラペラペラとめくる。この動作にストレスを感じていました。

余白ページが残っている限り、使いかけのノートを持ち歩くことになります。目の前の打ち合わせに必要ないものも書いてある。今、関係のないものを持ち歩くことにもストレスを感じていました。

このような状態を打破するために、ノートに書いたけれど残す必要のない箇所には大きく「×」を書いてみました。読まなくていい箇所には「×」を付ける。

するとなんと「×」だらけ。「×」ばかりが目に入ると読んでいて気持ちがいいものではありません。しかも必要な箇所がどこだかわからないという問題が発覚。

「×」と書いても元の情報は目に入り、それがノイズとなって気になります。「あぁ、これは×なのね」と読んでしまうのです。かといって文字が読めなくなるくらい黒く塗りつぶすのも時間がかかる上、黒ペンを大量消費しそうです。消すくらいなら書かなければいいいという心の声が聞こえてきます。

裏紙は使わない

このような経緯でノートを止めた私は、A4のコピー用紙によるメモ術に行き着きました。

コピー用紙なら、いつも真っさらな状態でスタートできます。打ち合わせのたびに10枚くらい用意して1枚目に日付と相手の名前を書き、メモを取る。文字を書いても、図を書いてもいい。書き方は自由。書きたいことが多ければ紙を追加すればいいし、不要になったら1枚ずつ処分すればいい。案件ごとにまとめるのにも適しています。

A4のコピー用紙は毎回、新しいものを使います。裏紙は使いません。印刷されているものが裏に透けて見えると気になります。これがノイズとなって思考が飛びます。ほんの数秒であっても思考が飛べば集中は切れてしまいます。集中が切れるような要素は全て排除します。

それに、A4のコピー用紙に図を描いて説明すると、お客さまから「その用紙をいただけませんか」と言われることがあります。差し上げるのは問題ないのですが、裏紙を渡すのは格好が悪いし、社外秘の情報が書いてあったら渡せません。そのため都度、コピーをとって渡していたこともありました。出先であればコンビニまで行ってコピーをとることも。新しい用紙を使っていれば、そうした手間はかかりません。

真っさらなコピー用紙でメモを取るのは「エコではない」と抵抗を感じても、効率を考えれば真っさらな紙のほうが無駄はないし、効率を上げて残業を減らしたほうが最終的にはエコにつながるのではないでしょうか。

Point 14 要らないメモは即捨てる

A4のコピー用紙に書いたメモはその日のうちに「要る」「要らない」を判断します。

書いた用紙をクリップボードに挟んだままにはしません。

時間が経つと何のことを書いているのか、何が重要かわからなくなります。その都度、内容を確認していては時間がかかります。だから、記憶が鮮明なうちに整理します。

メモを取るとは、書いて用紙を整理するまでが一連の流れです。

メモに限らず書類などの紙をデスクの上に山積みにして、「後で整理しよう」「いつか使うかも」なんて後回しにするとゴミが増えるだけ。

メモを取り終わったら、その流れで『処分』『データ化』『念のため保管』『保管』の4種類に分類します。

【処分】……専門企業に依頼

後で使う可能性がないものは、すぐに処分します。

重要なことを書いた用紙はゴミ箱に捨てるわけにはいきません。シュレッダーにかけてもいいのですが、1回につき数十秒だとしても費やした時間を計算すると予想を遥かに超えます。

弊社では機密文書リサイクルサービス（段ボール箱ごと溶かして、再生紙として利用するサービス）を導入しています。機密文書をミカン箱大の箱に入れ、たまったら回収してもらい溶解。コストはひと箱1000円から2000円くらいが主流ですが、自分でシュレッダーにかける労力を考えたら安いもの。

起業した当初は、シュレッダーしか私の頭にはありませんでした。不要な資料がたまったらアルバイトを雇いシュレッダーで書類を処分するよう依頼していました。黙々と2時間から3時間ひたすらシュレッダーをかけるだけの作業ですからアルバイトの人も楽しそうではありません。アルバイトを募集する。作業内容を指示する、チェックする。ここにも自分の時間を使います。

専門企業に依頼をしたほうが安くなるケースがほとんどです。何でも自分でやろうとせず、できる人に頼んだほうが効率もよいことを実感しています。

[データ化]……テキストエディタを活用

一元管理している媒体があるなら、そこに必要な情報を入力します。

私は、ビジネスメール研修を行うに際し、打ち合わせでメモを取ったら、その日のうちに研修内容や日程、休憩の有無、対象者や人数、金額、受講者の課題や研修の目的などをパソコンのメモ帳（テキストエディタ）にまとめて入力します。打ち合わせの席での雑談で気になったことなども入力。最新情報が入ったらデータを更新。研修直前には、最終版データを確認して登壇しています。

打ち合わせでのメモには残す必要がない情報もあります。それらを研修の直前に見ると混乱します。必要なときに、必要な情報だけにたどり着けるようにしておきます。

［念のため保管］……メモ用紙をスキャン

捨てるのは迷うけれど使う可能性が低い。そんなときはメモ用紙をスキャンしてデータ化しておきます。スキャンした用紙はすぐに処分。手元に残しません。必要になったらデータを印刷すればいいので「いつか使うかも」「もし必要になったらどうしよう」という不安は解消されます。

【保管】……メモ用紙はクリアファイルで保管

データ化する必要はないけれど保管しておきたいメモ用紙は全てクリアファイルに入れています。研修の打ち合わせでメモ用紙に図を描いたときなどは、そのまま保管しています。

クリアファイルは透明なものを使用。透明ならば、いちいち取り出さなくても中身を確認しやすいからです。たまにノベルティで全面に色のついた不透過のものをいただくことがありますが、中が見えないので一切使いません。不透明なクリアファイルは即ゴミ箱行きです。

一つの案件につき一つのクリアファイルと決めています。異なる案件のメモを一つのクリアファイルに入れると必要なメモを取り出しにくくなるからです。

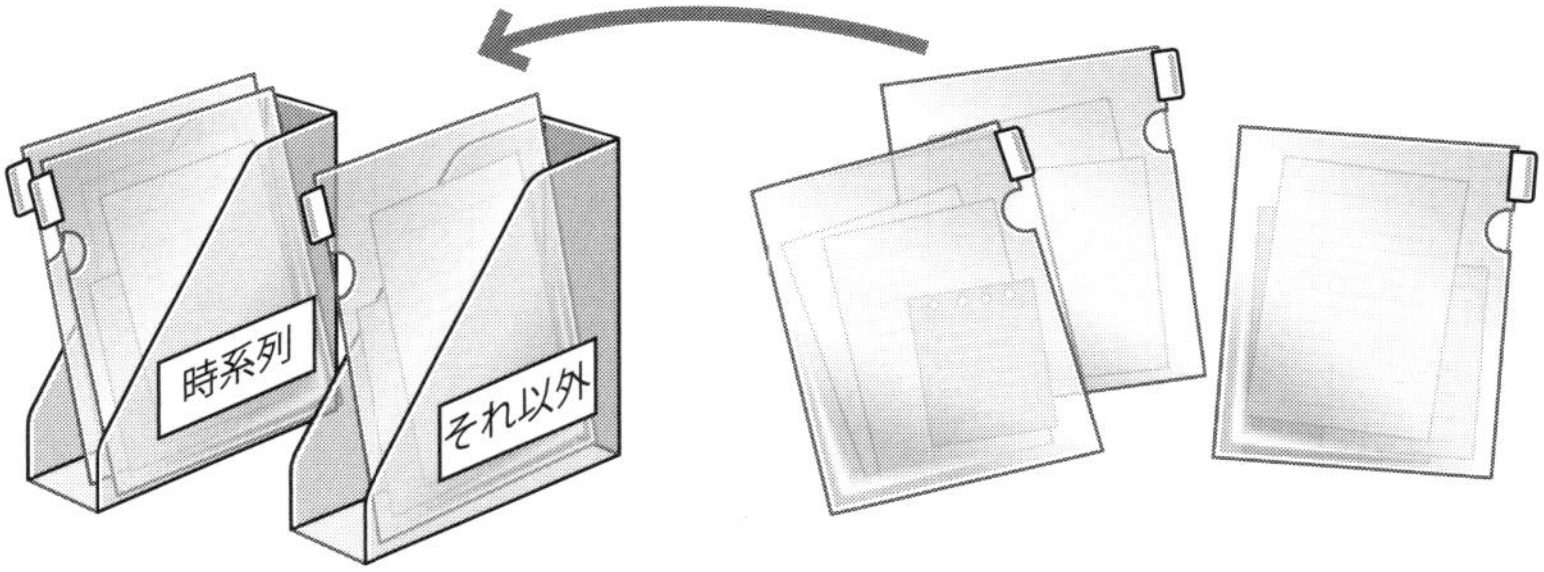

メモ用紙をクリアファイルに入れたら、「時系列」と「それ以外」に振り分ける

クリアファイルは「時系列」「それ以外」の2つのエリアに分けてファイルスタンドに並べて管理します。

Point 15

クリアファイルは常にアップデート

追加の情報を得たら、すぐさまクリアファイルに入れます。

研修会場を教えてもらったら地図をすぐに印刷してクリアファイルに入れる。入館証を送ってもらったら、それも印刷してクリアファイルへ。飛行機のチケットをとったら二次元コードを、ホテルを予約したら地図を、すぐに印刷してクリアファイルへ入れます。こうして常にアップデートをしてクリアファイルの中身は最新の状態にしておきます。

直前になって準備したり探したりするのは時間の無駄。情報が集まった段階で、紙で持っておきたいものは印刷して保管する。これだけでいいのです。「手が空いたら印刷しよう」と後回しにせず、一連の流れの延長線上で印刷までしてしまう。

一説によると人は年間100時間以上、探し物をしているそうです。探している時間がたった数分であったとしても、繰り返せば数日分になります。

情報を得た瞬間に準備するのと後で準備するのでは、どちらのほうが効率がよいかは明白です。

全ての準備を発生した瞬間に行い、常にクリアファイルを最新の状態にしておけば、出張の前日に該当するクリアファイルを手に取って鞄に入れれば準備完了。不安なときは軽く中身に目を通してもかかるのは1分程度。

出張の直前になって、チケットを印刷したり、ホテルを調べたり、交通経路を調べたり、案件の詳細を確認したりすることは一切ありません。

同じ行動を何度もたどるのは非効率です。

案件が終わったら

案件が終わったらクリアファイルから資料を抜き出して、そのまま機密文書リサイクルボックスへ。出張から帰ってきたらクリアファイルをデスクの上にいったん置くこともせず、すぐに処理します。

デスクの上に置くと、処分するまでに間が空き「これは処分してもいいのか」を判断しなくてはならなくなります。その判断をしないためにも、処分するまでを流れ作業にしてしまうのです。その流れ作業が習慣になるとエラーも減り、さらに無駄がなくなります。

まれにクリアファイルに入っている資料をまた使うことがあります。その資料を使って振り返りをしたり、再度打ち合わせをしたりするようなケースです。

その場合は、必要な資料だけを残してクリアファイルをファイルスタンドに戻します。資料を使う可能性が低いけど不安な場合も同様です。

そして、2カ月から3カ月に1回、全ての資料に目を通して要らないものを処分します。使うと捨てるはワンセット。常に手元にあるものは必要最小限にします。

Point 16

会社案内は受け取らない

私は会社案内を受け取りません。受け取ってもすぐに捨てます。会社のホームページがあれば、会社案内と同様の情報が掲載されているはず。紙で保持する必要はありません。企画書などもＰＤＦのデータでいただいて、必要なときに印刷をするようにしています。検討度合いの低い場合は、できるだけ資料を受け取らないようにしています。相手が経営者だとコスト意識が高いので、返却して喜ばれることもあります。

若手社員だと「要りません」と言うといぶかしがられたり悲しい目をされたりするので、何も言わず受け取ることもあります。でも、「ゴメンね」と心の中でつぶやきながら、自分のデスクに戻るついでに機密文書リサイクルボックスに入れます。残酷だと思う人がいるかもしれませんが、ここまでしないと不要な情報に埋もれてしまうのです。

不要だと思ったら心を鬼にして捨ててください。「コストがかかっているのに申し訳ないなぁ」なんて考えて、手元に不要な情報をストックしておく。これが仕事の効率を落とす原因です。

さまざまなサービスが日進月歩で変化しています。今日、受け取った資料が半年後も有用かはわかりません。会社案内も同様です。M&Aで代表者が変わっていることも珍しくありません。そうなると検討時に最新資料を取り寄せたほうがいい。合理的に考えても資料を保管する意味はないのです。

感情だけで考えない、感情に流されない。感情で判断していいのは私物だけ。仕事に関しては「かわいそうだから」「なんとなく気に入っているから」というものを手元に残すのではなく「使うか・使わないか」「役に立つか・役に立たないか」、この軸で考えます。

Point 17

ストックスペースを増やさない

ものが増えるとストックスペースが増えます。ストックスペースが増えるとさらにものが増えます。大きな家に引っ越したらものが増えるのと同じ原理です。

ストックスペースを制限すると管理するものが減ります。

私は年間300冊の書籍を読みます。ジャンルは、マーケティング、起業論、ITなどビジネス書が中心で気分転換に小説を読むこともあります。単純計算で年間300冊も増えますが、本の総数は一定を保っています。

書籍が増えたら、もう読まない本を処分して入れ替えたり、読んだばかりのお薦め本は知り合いに差し上げたり。とにかく手元にある書籍を減らすように努めています。会社には「ご自由にお持ち帰りください」コーナーも作っています。それでも引き取り手のないときは施設に送ったり、古本屋に持ち込んだりしています。

本棚に1000冊以上の本がある会社も多いでしょう。1年に1回も開かない本はどのくらいありますか。おそらく全体の7割から8割くらいあるのではないでしょうか。書籍を保管する目的は、いつでも見られるように、資料としての価値が高いからなどさまざまでしょうが、書籍が増えると探す時間がかかります。

探す対象は少ないほうが見付けやすくなります。ベストセラーなど市場にたくさん出回っている書籍はAmazonなどで半額以下になっていることが多いので、手元に置かず必要になったら買い直してもいいでしょう。

Point
18
参考資料を残さない

情報のストックは無意識にやっています。「いつか使うかもしれない」と考えてしまうのです。

以前、セミナーのチラシを大量に集めていた時期があります。自分がセミナーを開催するときに、そのチラシを参考にしたかったのですが全て処分しました。

インターネットで検索すると参考になりそうなものがたくさん見付かります。試しにGoogleで「セミナー チラシ filetype:PDF」と検索すると20万件以上も出てきます。インターネットで検索して見付かるなら手元に置く必要はありません。

情報をストックするなら使うことが大前提です。

私は講師としてデビューしたての頃、参考にしたくて主催者に頼み込み、他の講師の資料を印刷してもらったことがありました。資料を参考にして自分の講師レベルを上げようともくろんでいたのですが、次に資料を見たのは5年後。5年も経てば情報は古くなっているので活用できるレベルではありません。そのまま機密文書リサイクルボックスに直行です。

このように「いつか使うかも」というものは保管すべきではありません。今、使う予定がないものは、未来もおそらく使いません。

使わないもののストックはゴミの収集と同じ

セミナーの資料なども、見返さないならばすぐに処分したほうがいい。私はセミナーを聴講したら、その場でTODOリストを作ってやることを決め、セミナー資料は当日のうちに処分します。

時間管理をテーマにしたセミナーで講演するときは「今日の資料はやるべきことだけ抜き出したら捨ててくださいね」と伝えるようにしています。すると参加者の多くがビックリしますが私は本気です。

一度聞いたセミナーの資料を何度も見返す人もいれば、一度も見返さない人もいます。私は後者です。意外と見返さない人が多いのではないでしょうか。そういう人でも資料を大事に取っておくのです。捨てたらもったいないと思うのかもしれませんね。

でも、使わないものをストックしているのはゴミの収集と同じです。やるべきことを見付けて行動したら資料の役目は終わり。

資料を手元に置くことが目的になると、不要な資料がたまります。資料が手元にあることで、まるで資料に書いてあることが全て身に付いたかのように錯覚してしまうこともあります。でも、行動しなければ身に付きません。行動できたら資料は要りません。

捨てる癖をつけないと、不要なものに囲まれて身動きがとれなくなります。仕事のしやすい環境を手に入れることができません。使わない資料を保管する癖を止めましょう。

Point 19 いつ捨てる？ 今捨てる

仕事中に目当ての書類を探す場面を想定してください。

目の前に書類が50枚あるのと100枚あるのでは、どちらが早く見付かるでしょうか。明らかに書類が少ないほうが探しやすいはず。

年間に探し物をする時間は、前述した通り100時間以上あります。書類を探す、メールを探す、資料を探す、ファイルを探す。さらに、交通経路を調べる、やり方を調べる。

こういった「探す」「調べる」時間を少しでも削るべきです。

まずは目の前の書類を減らしましょう。

私は、電話をかけて相手に取り次いでもらう間やパソコンを起動させる間など、ちょっとした隙間時間に書類を捨てています。

この隙間時間の活用も時間短縮に有効です。何もせずにぼーっとしているのはもったいない。後でやることも今できれば今やってしまう。

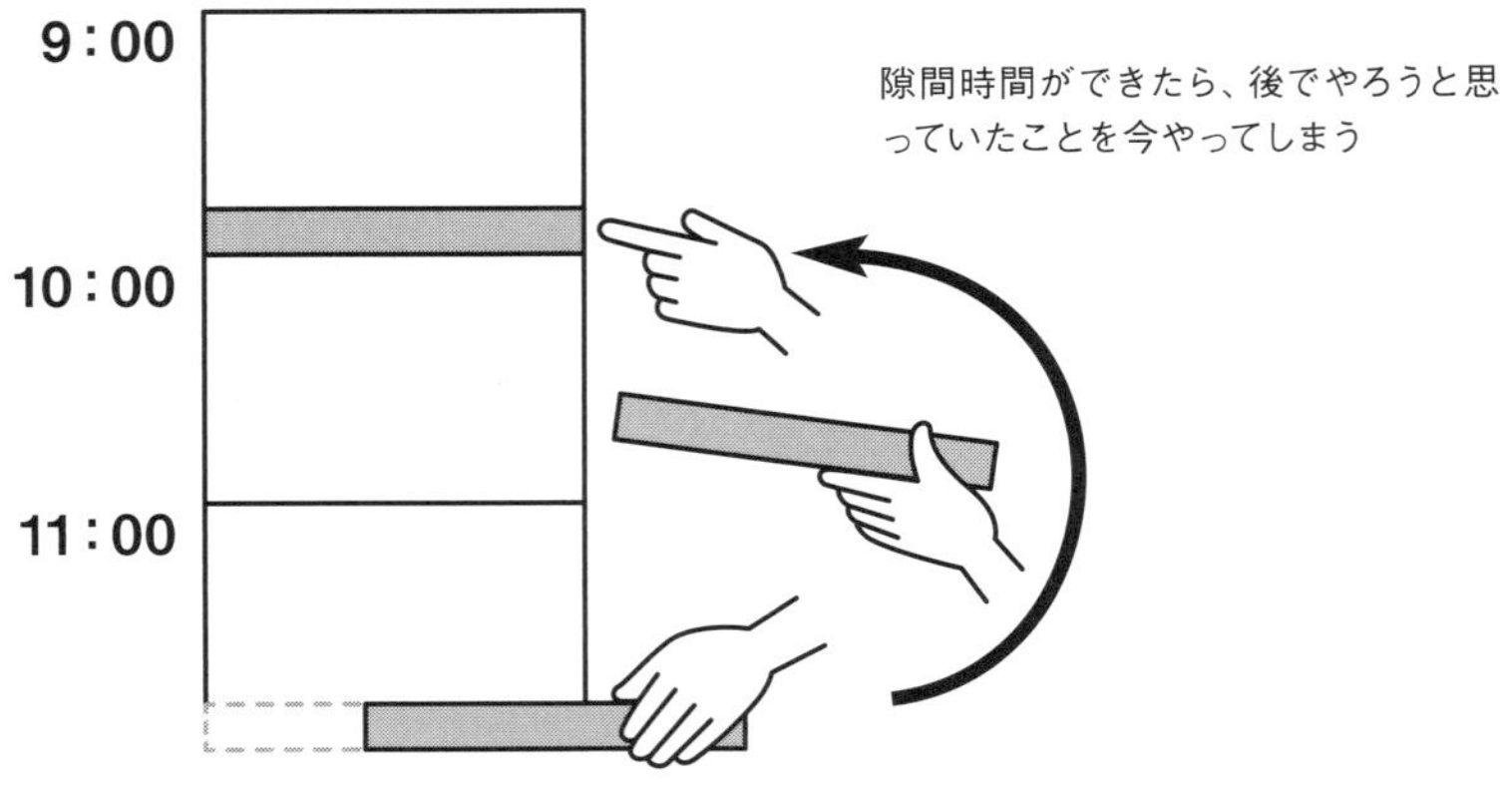

隙間時間ができたら、後でやろうと思っていたことを今やってしまう

名刺を保管するよりメールを送る

名刺も古いものは捨てるようにしています。
4年から5年くらい経つと会社名や所属が変わっていたり、事務所を移転していたり、連絡先が変わっている可能性もあります。

私は名刺交換をした後、連絡を取る可能性がある人にはメールを送っています。面談後のお礼メールなどがその代表格。通常、メールを送ると返事が来ます。そこには署名が付いていて名刺と同程度の情報が書いてあります。

連絡を取りたくなったらメールを検索して署名を確認すればいい。だからこそ、メールの署名はしっかり付けて、連絡を取る可能性がある方にはメールを送っておくことを習慣にしています。

このような仕事の進め方をしているので、名刺は2年から3年に一度処分しています。有名人の名刺を記念にと大事に持っていても使わなければ場所をとるだけです。

処分する前に名刺の内容をリストにまとめてデータ化することもあります。その一例が取材をしてくださった方の名刺です。書籍がでるたびに主要媒体には献本しており、郵送する際、住所などの宛先がリストになっていると便利だからです。このような場合に限りデータ化しています。

年賀状は要らない

賛否両論ありますが、受け取った年賀状もまとめて処分しています。中でもコメントが書いていない絵柄や挨拶文が印刷されただけの年賀状は、読んだ段階で「形式的な挨拶」という役割を果たしているので1月中に処分します。

移転の葉書なども同様です。お祝いの花を手配したり、登録データを変更したりしたら処分します。案内の葉書は見返すことがありません。

毎月送っていただいているニュースレター（各企業の新聞のようなもの）も目を通したら処分しています。雑誌も同様です。

ストックスペースは限りがあるので全てを保管することはできません。必要であれば適した方法で管理すればいい。処分することに罪悪感を抱く必要はありません。

デスクトップにファイルを置かない

パソコンの画面一杯にアイコンが並んでいる様子を見たことがありませんか。アイコンの多さや並びは、その人の頭の中を反映しているように思います。

数も少なく整然としていれば、その人は頭脳明晰で効率を重んじる傾向があります。一方、デスクトップの半分以上をアイコンが占めていれば、その人の頭の中が混沌としている可能性があります。実際、効率を考えずに仕事をしていることが多いようです。

多くのものの中から必要なものを探し出せると本人は言います。しかし、探すたびに集中力が消費されていきます。それは本人が気付かないうちにストレスとしてたまっていきます。

デスクトップに作業中のファイルを置くことがありますが、作業が終わったらすぐに処分。削除してゴミ箱行きか、所定のフォルダに移動させるべき。デスクの上を綺麗にしておくと作業効率が上がるのと同じで不要なファイルは目につかないようにするのが鉄則です。

私は、ファイルを削除するのが不安なとき、念のために取っておきたいものは、「とりあえず保管」「ゴミ箱（仮）」のようなフォルダを作って、その中に放り込んでいます。

最近はファイルの検索スピードも向上しているので、以前のように検索対象を意識的に減らす必要がなくなっています。検索対象を減らすために［Delete］キーを押すほうが時間の無駄。それなら保管をしたままでよいでしょう。

ただし、保管をするなら目につかないところに追いやります。間違っても、デスクトップやよく使うフォルダの中には置かないようにします。

デスクトップのファイル、デスクの上の書類など、目につくものは全てノイズになります。そのノイズがトリガーとなって寄り道をするかもしれません。

「あ！　この動画見ておかないと」

「このPDFって何だったかなぁ」
「この資料いつのだろう?」

寄り道のきっかけになるようなものは視界に入れない。使ったものを出しっぱなしにしない。それはデスクトップのファイルも同じ。作業が終わったらファイルの仕分けまでしてしまう。要らないものは削除する。目につくものを一つでも減らす。仕事にブレーキをかけるノイズ情報を撲滅しましょう。

Point 20 靴下は1種類でいい

処理する対象物が多い、使用する物が多いと、考えたり決めたりしなければならないことが増え、疲れてしまいます。

そうならないために、対象物を減らす、選択肢を減らす。考えなくてもいいことを考えないことが大切。そのためには、何を考え、何を考えないか、それを決めなければなりません。

この思考は仕事に限ったことではなくプライベートにも応用できます。

繰り返し行っている無駄な作業がありませんか。それは本当に必要ですか。私は日常生活でも常に「減らせないか」「なくせないか」を考えています。そう考えるようになったきっかけとなる体験があります。

今から10年以上前のことです。洗濯物を畳んでいたときに、似たような靴下がたくさんあることに気付きます。全部黒に見えるけれど微妙に色が違ったり、ワンポイントのマークが付いていたりいなかったり、模様が違ったり。同じ靴下を見付けるのが大変でした。そして、靴下のペアを作っているうちにふと思ったのです。「人生であと何回この不毛な作業をやるのだろう」と。これ以上、不毛な作業を続けたくない。そう思ったことが改善へとつながりました。

「こんなに面倒なのはなぜだろう。そうか、似ているものばかりだからだ」と気付いたのです。そこで、持っている全ての靴下を一気に処分。そして、ユニクロに行って全く同じ靴下を12足（4足組みを3セット）購入してきました。

それからは本当に楽でした。洗濯した靴下を何も考えず靴下ボックスに入れておくだけ。履くときは適当に2枚取り出せば、それで終わり。どれを手に取っても組み合わせは正解。それまでのようにペアを作る必要が一切なくなったのです。

靴下は長く履いていると薄くなったり穴があいたりします。靴を脱いだときに穴が空いた靴下を見られたら恥ずかしいですよね。全てが同じ種類の靴下であれば、薄くなってきたら片方だけでも思い切って捨てられます。ペアを考える必要はないからです。2年から3年ごとに全てを処分して、また12足分の靴下を買い直します。

初めは使えるものだけ残しておこうと思ったのですが、古いものは素材がくたびれていますし、同じメーカーであってもどうも色が微妙に異なるようです。それなら思い切って捨ててしまったほうが「これとこれ、微妙に違うな」と思うストレスもありません。

セミナーでこの話をすると、女性には非常に受けが悪いです。自分の靴下は1種類にはしたくないと。でも、お子さんや旦那さんの靴下を「1種類にしました」という報告は何度もいただいています。

もし、複数のバリエーションにしたいなら、似ている色は避ける。色の違いがはっきりわかると選別する時間が短くなります。これだけでも効率が上がります。

Point
21

日用品は毎回同じものをネットで購入

日常の行動でも、ちょっと工夫をすれば時間短縮になるものがたくさんあります。繰り返しの作業は、もっと楽ができないかを常に考えています。

日用品のシャンプー、リンス、洗剤、歯ブラシ、歯磨き粉、こういったものも毎回熟慮して購入する必要はありません。日用品を選ぶ楽しみがある場合はいいですが、私は使い慣れた品で十分です。選ぶのにかかる時間のわりに、違う商品を使うメリットがありません。

だから、いつも同じものを買うと決めています。仕事のように不足分を発注するのです。これによって「考える」ことから自分を遠ざけることができます。考えなければ疲れません。その時間を使って、他の思考に精力を傾けることもできます。

こういった日用品は全てAmazonで注文しています。近場のスーパーで買ったほうが安いかもしれません。でも、購入するための移動にかかるコスト（時間、労力）を考えると、ネットで発注したほうがストレスはありません。

次に購入するパソコンも決まっています。

デスクトップパソコンなら、ヒューレット・パッカード製。ノートパソコンならパナソニックのレッツノート。スマホはiPhone。

全て、すでに使っているので使い勝手もわかっています。新しいものに乗り換えると慣れるまでに時間がかかります。その間は仕事のスピードも落ちます。

キーボード一つにしても、ちょっと配列が変わると作業効率が落ちます。たまにMacを使わせてもらうことがありますが、慣れない操作に作業効率が悪くなるのを感じます。

普段は意識しなくてもいいキー操作にも意識を向けなくてはならないからです。慣れるための時間がかかるなら、慣れているものを使い続けたほうがよい。作業効率と慣れの関係も考慮すべきでしょう。

市場にはさまざまな製品があふれ、選択肢に事欠きません。製品に大差がない場合は使い慣れているものを選ぶようにしています。

買い替えの時期は必ずやってくるので、そのときに取る行動をあらかじめ決めています。そのときになって考えたり、判断したりしません。こうして将来の選択もすでに済ませています。

Point 22

人生をアウトソーシング

迷う回数が一度でも減らせると、効率がよくなります。

私が仕事で着る服はプロに選んでもらっています。ジャケット、シャツ、ズボン、靴、全てです。

どんな服装が正解か、何がその場に合っているか。それを自分で勉強するには時間が少なすぎます。読みたい本もたくさんあるし、話したい人もたくさんいます。

どこに時間を投下するかを考えるとファッションの優先順位は非常に低い。でも、TPOをわきまえた服装をしないとお客さまに不快感を与えるかもしれない。そのため、プロに選んでもらうことに決めました。

シャツの襟、袖、ボタンなどの選択肢は100以上あります。それを自分で見極めるのは不可能です。だからこそ、用途をプロに伝えて選んでもらうのです。プロに客観的に選んでもらうことで、自分の魅力が引き出されることもあります。

服を選ぶことが楽しみや喜びになるなら自分でやってもいいでしょう。でも、私のようにストレスになったり面倒だと感じたりするなら、自分でやる必要は一切ありません。

最適な結論を出すための「魔法の言葉」

プロにお金を払って選んでもらうほどではなくても、困ったら店員さんに委ねるのがベスト。

以前、コートを買いにあるお店に行きました。その店で買った古いコートを見せ、店員さんに「このコートと同じ感じで、新しいものはありますか？」と尋ね、新しいコートを一着だけ出してもらいました。そして試着をして即決。店を出るまでわずか10分程度です。時間は有限なので、できるだけ迷わない。即断即決をして自分の時間を増やすことを心掛けています。

出張で地方の飲食店に行ったとき、迷ったら店員さんに決めてもらいます。

「みんながよく注文するものは何ですか？」

実は、これは魔法の言葉です。

「店員さんのお薦めは何ですか？」と聞くと、お店が処分したいものを提案されることもあります。でも、「みんなが」と聞くことで集合知による正解を得ることができます。これで外れたことはありません。

「悩むことが趣味」な人は心ゆくまで悩んでください。たくさん悩んで結論を出すことが自分のモチベーションにつながったり、快楽につながったりする人もいるでしょう。人に決めてもらったり、即決したりすると「もっといいものがあったのでは?」と後悔する人もいるようです。

私は自分にこだわりがあるジャンルは徹底して検討しますが、それ以外は完全に人に委ねるようにしています。

Point 23

ウィルパワーの無駄遣いをしない

人は、何かを決定するごとにウィルパワー(意志力)を消費します。これは小さな決断

の連続です。

であっても、大きな決断であっても同じこと。

「今日はどんな服を着ようかなぁ」「どの道で会社に行こうかなぁ」「部下をどう指導しようかなぁ」「どこに発注しようかな」「この案件は断るべきだろうか」――、毎日、決断の連続です。

何かを考え、決断するとウィルパワーが消費されます。朝は満タンだったウィルパワーが決断をするたびに消費され、夕方には空っぽに。そうなると、簡単な判断さえできなかったり、判断を誤ったり、その状態にストレスを覚えたりします。

実は、ウィルパワーの存在を知ってから、夜遅い時間に仕事をするのを止めました。夕方になると判断力が落ちてきているのが自分でもわかります。単純作業ならまだしも重大な意思決定を夜にすると誤る可能性が高まります。そのため、重大な意思決定は午前中にすると決めています。

日常生活の「選択」も自分でしないようにしているのには、この「ウィルパワー」が密接に関連しています。

有名経営者にはいつも同じ服装をしている人がいます。もちろん、記憶に残すという意図もありますが、それ以上に、仕事の意思決定に力を使いたいからウィルパワーを温存していると考えたほうがよいでしょう。

売り上げを左右するような重大な決断でウィルパワーを使いたいから、身の回りの小さなことでは使わない。私が靴下を一種類にしたのも、同じパソコンばかり買うのも、ここに秘密があります。決定しないことを決定したのです。

何を自分で決め、何を人に委ねるべきか

何を自分で決めるべきか。何を人に委ねるべきか。

この線引きやルールを決めておくとストレスから解放されます。

第1章でルールを決めるという話を書きましたが、ルールさえ作っておけば、後はルーチンで回せるようになります。

毎回考えたり、悩んだり、判断したりするのは、時間が奪われるだけでなく、ウィルパワーが消費されることのほうが問題です。

仕事は時間をかけた分だけ成果につながると考えていたときもありました。残業したり、徹夜をしたり、土日出勤をしたり。それが自分の将来のためにもなるし、会社のためにもなると思っていました。

でも、頑張れば頑張るほどウィルパワーは消費します。ウィルパワーが空っぽになれば、頑張れなくなります。残業したのに仕事が思ったほど捗っていないのは、そのせいです。

そんなときは、とっとと帰ってすぐに寝る。そして、ウィルパワーを回復させる。それが一番です。

仕事の成果は時間に比例しません。

成果を左右するのはウィルパワーの使い方なのです。

考える対象を減らす、手順を決める、仕組みで回す、思い出さない、不要なものは忘れる。そうした全てがウィルパワーを温存することにつながります。

Column

スマホゲームは時間の浪費

企業研修の休憩時間や電車の中で気になるのがスマホのゲームに夢中になっている人たちです。スマホの画面を食い入るように見つめる人たち。

スマホのゲームが息抜きではなく、時間を浪費することになっていませんか。

私もゲームは何十年もやっているし好きですが、スマホのゲームは無意識にやっていると危険です。

小学3年生の頃、親にパソコン（ＭＳＸ）を買ってもらいました。

ファミコンはゲーム機だけどパソコンはいろいろできるという理由で、親はパソコンを選択したようです。

でも、子どもがやりたいのはゲームです。なんとしてもゲームをやりたかった私は、ゲーム雑誌に書いてあるデータを自分で入力していました。そうすると、ゲームで遊べるのです。

入力という辛い労働の後に楽しいゲームが待っている。その誘惑に駆られ必死で入力しました。私がタッチタイピングをできるようになったのには、そのような背景があります。

ちなみに、自分でゲームを作ってコンテストに応募したこともあります。

パソコンのゲームはそれなりに準備が必要ですが、スマホのゲームはズボンのポケットやバッグからスマホを取り出して起動するだけ。取りかかるハードルが非常に低い。簡単にできて中毒性があるものは悪習慣になりやすく、私も身をもって体験しました。

あるとき自分の行動にビックリしました。

これだけ時間を大事にしているのに、気が付いたらスマホのゲームばかりやっていたのです。電車に乗ればすぐにゲーム。食事が終わったらコーヒーを飲みながらゲーム。常に「なめこ」を収穫していました。なめこ育成ゲームのレベルはどんどん上がっていきます。でも、私自身のレベルは一ミリも上がっていない。いつのまにか、なめこを収穫することが日課になっている。その事実に気付いてがくぜんとしました。そして、なめこに別れを告げてゲームを削除。

それでも、オセロゲームなどは頭の体操になりそうだからと残していました。1日30分くらいやってしまいます。ゲームの時間を減らそうと思っても「もうちょっと。もうちょっと」、この繰り返しでなかなか止められません。

オセロゲームの場合は、「もう1回勝つまで」と考えて何度もやってしまうのです。気付けば、予定の時間を大幅にオーバーしていました。

ゲームは気分転換になります。パズルゲームなどは頭の体操に向いています。でも、際限なくやってしまうなら止めたほうがいいのです。ゲームをやっていいのは決めた時間で終えられる人だけです。

悪習慣は簡単に生まれます。

これをなくしたいと思ったらハードルを強制的に上げるしかありません。私はゲームのデータを全て消し、ソフトもアンインストールしました。それ以来、一度もゲームはやっていません。

あのゲームをしていた時間があれば、本を100冊くらい読めたのではないでしょうか。自分の時間をどう使うかによって、この先の人生が豊になるかが決まります。

Chapter

3

優先順位はつけるな

期限は死線と心得て過剰品質を避ける

Point
24
優先順位が混乱を生む

優先順位という言葉が好きな人は多いようです。

「優先順位をつけて作業をしろ」
「優先順位をつけてアプローチをしろ」

一見正しいように思います。

でも、優先順位をつけることは果たして必要なのでしょうか。

私は、ものごとに優先順位をつけるのではなく、「やるべきことは全て期限内にやればいい」と考えています。優先順位をつけるという行為が脳に負荷をかけています。

AとBだったら、どちらの優先順位が高いだろう。では、BとCだったら。このように、それぞれを比較することで脳が疲労します。

何度もお話ししている通り、効率よく仕事をするには考えないことが重要です。2つや3つのタスクを比較するなら簡単ですが、実際に今やるべきタスクは100を超えるのではないでしょうか。

目の前にある100のタスクに優先順位をつけて、厳密に並び替えることはできるでしょう。しかし、大まかな優先順位をつけるならまだしも、正確につけようとしたら一日かかるかもしれません。その間にいくつのタスクがこなせたでしょう。

私の場合、目の前に100の仕事があったら、それぞれの期限だけを見て処理します。そして、「今、処理できる」と思ったら期限に関係なくすぐに取り組むようにしています。

メールを1通送る、電話を1本かける、地図を印刷するなど、ちょっとした時間でできるものは優先順位を考えずすぐに行い、タスクを一つでも減らすようにします。

業務の数が多いと判断が鈍ります。そうならないように目の前の仕事を一つでも減らすべきです。

メールを例にするとわかりやすいかもしれません。

私が朝、出社すると100通くらいメールが届いています。どのメールから開封しようかなんて考えません。目についたメールを片っ端から処理します。

すぐに処理できるものは1分以内で処理。それ以上かかるものは後回し。経験上、100通のメールは1時間もあれば20通くらいにまで減らせます。残りは仕事の合間に処理するだけ。


全ての仕事に優先順位をつけていたら数時間でくたくたになってしまいます。優先順位をつける時間があったらタスクを処理したほうが早いこともあります。

やるか、やらないか

私がタスクの分類をするときは「やる」か「やらない」か、それだけを決めます。

やると決めたら「やる」、やる必要がないと判断したら「やらない」と決めます。「時間がないからやらやらない」というのはあり得ません。時間がなくてもやる必要があれば、やらなければいけません。

「やると決めたらやる」「やらないと決めたらやらない」、この潔さが大事です。

やると決めたのにできなければ、それがストレスになりますし、周囲の信頼も失います。

だから、やると決めたことは、必ずやり遂げる。やらないと決めたことには意識を向けない。やるべきことに集中するようにしています。

期限と質

やると決めたら、期限と質を考えて仕事をします。

「いつまでに（期限）」「どのレベルで仕上げるか（質）」だけを考える。ここに「優先順位」という概念は入れません。

仕事の評価は「期限」と「質」で決まると考えています。自分の裁量に任され作業して優先順位をとやかく言われたなら、設定した期限に問題があります。

期限重視の考えが腹に落ちれば、優先順位にこだわらなくなります。やると決めたら全てを期限内に行う。これだけでいいのです。

Point 25

過剰品質は自己満足

「期限」と同じくらい重要なのが「質」です。

求められている質がわからなければ、低い質でアウトプットすることにもなりかねません。質が高くなりすぎて時間が過剰にかかることもあります。

だからこそ、仕事に取り組むときは相手が求めている質を把握するところからスタート。それがわかれば投下すべき時間も予測できます。

質と投下時間はトレードオフの関係です。

この絶妙なバランスを取ることが時間効率にもつながります。相手が80点を求めているなら80点から85点くらいを目指す。100点でなくていい。

質は高ければ高いほどいいと思いがちな人は「質」の罠にはまっています。完璧主義の人にこの傾向があるのかもしれません。

質を高めるには時間がかかります。時間をかければかけるほど質は高くなるけれど、際限なく続いたら期限を守れません。求められている以上の質にする時間があるなら他の作業をしてほしいと言われるでしょう。

仕事は質と投下時間のバランスで成り立っています。どちらが度を越しても問題があります。80点でいいのに１００点を目指して作業をするのは本来間違っているのです。

例えば、パワーポイントで作った資料のタイトルが1ピクセルずれていたとします。これを全てチェックして細かく直せば、確かに見栄えもいいし安心感もあるし気持ちもいい。しかし、全部をチェックするのに4時間かけていたとしたらどうでしょう。それだけの時間をかけて微調整することが求められているでしょうか。

夢中になると時間はあっという間に過ぎます。細かいところまで意識を向けることは悪いことではないけれど、私はこういった余計な質のことを「過剰品質」と呼んでいます。

人の命が関わるものだったら過剰品質と言われても高いレベルを目指すべきでしょう。しかし、それ以外のものは合格点プラス1点から5点を目指せばよいと考えています。

自分では85点だと思って出しても相手が80点だと評価するかもしれません。だから、求められている基準よりちょっとだけ高めの点数で出すのです。相手の求めているものがわかってきたら、自分と相手の評価の差がなくなるように努めます。これによって、かける時間も減らすことができます。

Point 26

求められている品質を見極める

相手の求めている質がわからないなら、それを聞き出すのもこちらの仕事。

部下の仕事が過剰品質に陥っていたら「もうちょっと質を下げていいよ」と具体的に指示をするのも上司の役割。

仕事の現場では「過剰品質」が横行しているように思います。過剰品質がなくなれば、残業が減るという会社も多いのではないでしょうか。

過剰品質は自己満足から生まれます。見ているのは依頼者ではなく自分。場合によっては蛇足と言えるかもしれません。求められている質にさえ到達すればいい。求められている以上の質は要らないのです。

この原稿は私が書いていますが、途中でスタッフにも見てもらい、編集者にも見てもらいます。細かい誤字脱字の修正や表記の統一などは校正者に任せています。私の仕事は良質なコンテンツをアウトプットすること。先ほどの数字で言うなら90点の原稿を作るのが私に求められていること。その原稿を出版にかかわる制作から販売担当まで多くのみなさんの手により100点の本にする。そのくらいのバランスで考えています。

決して手を抜いているわけではありません。それぞれ役割があるわけです。他者がやるべき仕事にまで介入してしまうのは、過剰品質になると考えています。

多くの人が、自分のこだわりを持って仕事をしています。自分が得意なこと、気になることは、どうしても過剰品質になってしまう。

でも、過剰品質な仕事は相手に喜んでもらえません。質の高いものを生み出しても無駄があると判断されます。それであれば、質を高める時間とスキルは評価される形で使いたいもの。

過剰品質になりがちな人は投下時間を決めて、それ以上はやらないようにしましょう。ときには質を落とす勇気も必要です。

Point 27

期限が大切な理由

期限に対して普段どのくらい意識をしていますか。

そんな私も社会に出た頃は期限に対する認識も甘く、期限を越えるのは日常茶飯事。期限の直前になって慌てたり、依頼するのが遅れたり、期限を越えてお詫びをしたり。全ての仕事が後手に回っていたように思います。

もちろん、「いつまでにやろう」と自分で期限を決め、「いつまでにやりなさい」と言われたものは期限を必ず設定していましたが、心の奥底にこんな気持ちがありました。

「まあ、ちょっとくらい遅れてもなんとかなるだろう」
「先輩もスケジュールを崩すことがあるし」
「こんなに忙しいんだから無理だ」
「機械じゃないんだから抜けがあってもしょうがない」

今思うと、ダメ社員の典型です。

期限を越えてもトラブルにならなかった経験があると、「今回も大丈夫だろう」「相手はバッファ（余裕）を持っているはず」と都合よく考えて、期限を安易に越えるようになります。

いつでも「まあ1日くらい大丈夫だろう」と思ってしまうわけです。これを繰り返していると期限に甘くなり「2日くらいいいだろう」「3日くらいいいだろう」と後ろ倒しにしていきます。この「まあ1日くらい」という思考が命取りになるのです。

期限を越えたものがたくさんあると「どうしよう」と気にはなるのでストレスになります。いつでも時間に追われているような感覚になります。

するとどうなるか。「忙しい」「時間がない」、この2つが口癖になるのです。

期限を守らないと次のような行動が必要になります。

・お詫びする
・各方面に説明する
・他のスケジュールが遅れるので調整する

火消しのための時間は1週間の中で1時間くらいあるかもしれません。1年間で50時間程度。つまり、5日から6日分の仕事を増やしているとも考えられます。

その時間は、本来であれば必要のない時間です。期限さえ守っていたらしなくていいことばかり。

そうならないように何よりも期限は守る。直前に慌てないように予定を組んで進める。

さらに、仕事のボリュームには波があります。

だから、手が空いているときに先の仕事をやる。「期限だから今日やる」のではなく「期限ぎりぎりにならないように前倒しする」という思考に変えるべきです。

Point 28

期限がないものは仕事ではない

私は常々「期限がないものは仕事ではない」と言い続けています。

どんな仕事であっても期限を切ることが重要です。

私の会社では毎日、日報をメールで出してもらっています。「今日やったこと」「明日やること」「それ以降にやること」の3区分にまとめてもらっています。今日の実績、明日のTODO、それ以降の備忘録のようなイメージです。

毎日メールで日報を受け取っていると、変化しない項目があることに気付きます。「それ以降にやること」に数週間残っているものがある。そんなときは「これっていつまでにやるんですか？」と聞きます。すると「じゃあ、今週対応します」となる。期限を設定していないのです。

備忘録として書き留めているものは、本人の中で仕事として認識されていません。このことに気付いていない人は多いようです。備忘録として残すときも「○月○日まで」と明確な期限を記載すべきです。

「手が空いたらやろう」と思っていても常に新しい仕事が発生します。その都度、後回しになっていき、いつまで経っても着手できないということも珍しくありません。だから、「いつまでに」という期限を必ず決める。第三者が見ても納得できる期限。ぶれない期限。

7月19日（水）18時という期限であれば、誰が見ても明らかです。でも、「できるだけ早く」「手が空いたら」のような表現は期限とは言えません。

「いつまでに」が明確でないと後回しにしやすくなります。「忙しいからできない」「疲れたから明日やろう」と言い訳に走ってしまい結局は何もできません。

「いつか」は期限ではない

いつかやろうと思っていたとしても、期限を切らない限りその「いつか」は永遠にやってきません。期限が設定された瞬間に、その人は「仕事」だと認識します。

「いつか本を出す」「いつか起業する」のような抽象的な目標も避けたいところです。これだけではただの願望であり行動が約束されていません。夢をいくら書き連ねても実現できる可能性は低いでしょう。実現したければ期限を切る。

願望を抱いている状態がその人にとってのコンフォートゾーンです。そこにいたら、プレッシャーがかかるわけでもなく、可能性に胸を弾ませていられるので気持ちがいいのです。実際に起業をしたら荒波にもまれます。それが嫌でコンフォートゾーンから出られない。そういう人は期限を切らない傾向があります。

本当に実現したいなら、期限を切る。そこから始まります。

Point
29

期限は「死線」と心得よ

期限を守らないのは甘えでしかありませんが、期限を守らないことが実は自分の首を絞めることにもなります。

相手もバッファを持って依頼をしているだろうから数時間ぐらい遅れても問題ない。組織の中でこのような考えが蔓延すると期限はあってないようなものになります。互いが期限を守らなくなり、その結果、お互いさまという空気が生まれます。

「いつもお互いに遅れるからしょうがないよね」
「もちろんバッファってあるよね」
「本当の期限っていつですか」

こんな会話がなされたら危険です。期限という言葉の意味を理解できていません。裏に別の期限があると考えていたらきりがありません。

私の場合、バッファは考えずに依頼するようにしています。ぎりぎりのラインを事情とともに伝えます。

「17時にいただいたら、その後に私がチェックする時間を1時間確保しています。18時には先方に提出しますので、時間厳守でお願いします」、このように依頼をします。

もし、相手が遅れてきたら「私がなんとか調整はしてみますが、無理であれば、今回のお支払いはできなくなります」のように、相手にペナルティを科すこともあります。

もちろん、依頼は余裕を持って行います。十分に対応できる時間を考えつつ、本当のデッドラインを公開し、そのデッドラインをお互いが守るような習慣をつくっていく。

デッドラインは柔軟に動かせるものではありません。

これを越えたら殺される

デッドラインは、私の中では「Ｄｅａｄ Ｌｉｎｅ」という英語でイメージしています。つまり死線。これを越えたら「殺される」というくらい、真剣に向き合わなければいけないラインです。

これを越えたら命が取られる。そう思って仕事をしている人はどのくらいいるでしょうか。期限への認識が甘いがために全ての仕事が遅れ、人に迷惑をかけ、自分の評価を落としている人は少なくありません。

私は研修講師として、今まで１０００回以上登壇しています。当然遅刻はゼロ。おそらく講師業をしていて遅刻をした経験がある人は、ほぼいないのではないでしょうか。講演の開始時間に間に合わない（死線を越えた）ということが死活問題になると理解できているからです。

午前中に地方開催のセミナーがあれば前日から入りますし、都内の研修であっても開始１時間から１時間半前には現地に着くようにしています。電車が遅延しそうになったら、最悪、タクシーでも移動できるようにルートを押さえています。

研修なら遅刻しないのは当然。でも、会社に遅刻をした経験というのは誰しもがあるのではないでしょうか。会社員時代の私も例外ではありません。「ちょっとくらい遅れてもいいだろう」「たかが始業時間なんだから」「電車が遅れたからしょうがない」、こんな言い訳を考えてしまう。

でも、よく考えてください。研修講師が「山手線が遅れていて」と言って10分の遅延証明書を持って研修会場に現れたら……。受講者もあぜんとするでしょう。5分から10分程度の遅延証明書は行動の遅さを示すだけです。

電車遅延による遅刻は、1時間や2時間なら予見できない範囲なので仕方がないといえますが、数分というのは予見できる範囲です。この電車に乗らないと間に合わない。この1本を逃したらアウト。そのようなぎりぎりの行動をしているつけが回ったとも考えられます。

研修の開始時間も、始業時間も、書類の提出時間も、全てがデッドラインだと考えて仕事をしましょう。

締め切りの日にスタートしてしまう癖を直す

「今日もなんとか期限を守れた」
「命は取られなかった」

デッドラインだけを見て仕事をすると初動が遅くなり疲れがたまっていくだけです。

例えば、7月21日（金）までに見積もりをくださいと言われたら、当日になって「今日が締め切りだからやらなくては」と動きだすことはありませんか。

これが電話1本かければいい、メール1通送ればいいと、たいして時間がかからないならいいですが、資料を作成する、原稿を執筆する、1時間から2時間くらいはゆうにかかる。そうなると、1日の労働時間が8時間だとしたら2割程度の時間を占めることになります。

そこに、トラブル対応の仕事が割り込みで入ってきたらどうなるでしょう。

仕事は、思った通りには進まないものです。人が関わるものですからコントロールできないものも多く、予定は否応なしに狂っていく。「こんなはずじゃなかったのに……」なんてことも。

それを避けるためにも、「割り込みの仕事」に対応できるように時間の余裕を持っておくべきです。

仕事は、自分一人でやっているものではありません。いろいろな人との関係で成り立っています。急な依頼や対応を求められることも少なくはないでしょう。

そんなときに「相手のせいで予定が狂った」なんて思っていませんか。そう思いたい気持ちはわかりますが、仕事である以上、そういう事態は予想できます。

予定通りにいかない可能性もあることを、あらかじめ頭に入れて準備していればイライラしてストレスを感じることもありません。

仕事はパズルのようなもの。ピースをいつ埋めても構いません。期限直前に動くのではなく、前倒しして済ませ、突発的にピースを投げられたら落ち着いて埋める。冷静に対処するためには、普段から余裕を持っておくことが大事です。

Point

30

賞賛ラインで仕事をする

締め切りに追われたくなければ前倒しすればいい。

そこで私が推奨しているのは『賞賛ライン』を設けて仕事をすることです。この賞賛ラインは私の造語でとても気に入っています。文字通り、「賞賛されるライン」です。

例えば、金曜日の18時が資料の提出期限なら、水曜日の18時までに資料を作成して提出するスケジュールを組む。このように自分の中で期限を前倒しするのです。

相手が褒めてくれるライン、喜んでくれるライン、気持ちよく受け取ってもらえるライン。それが賞賛ラインです。

自分の都合ではなく、相手からの評価を基準にラインを引く。自分が相手の立場にたったらどう思うかを想像すると、ラインは見えてきます。

全ての仕事を賞賛ラインで行ったらどうなるか。考えただけでワクワクしませんか。

期限を前倒ししたからといって投下時間が変わるわけではありません。今日やったら2時間かかるけど、期限ぎりぎりなら30分でできる。そんな人に私は出会ったことがありません。

作業はいつやっても原則、同じ時間がかかると考えられます。かかる時間が同じなら、褒められたいと思いませんか。

私は人が関わる全ての仕事に賞賛ラインを設定しています。賞賛ラインは、案件によって異なります。早すぎると手を抜いていると思われたり、暇なのかなと思われたり、忘れられたり。早ければ早いほどいいというわけではないのです。

以前、研修資料を1カ月前倒しで出したことがあります。すると相手の方は直前になって「資料までですよね？」と催促をしてきました。私が早く提出したばかりに、相手の方が見逃した（確認を後回しにした）ようです。早く対応しても、このような問い合わせがくるのではかえって効率が悪いので、ちょうどいラインを見極めると「賞賛ライン」に落ち着きます。

デッドラインから何日前倒しすれば、一番賞賛してもらえるか。相手が最大の評価をしてくれる絶妙な賞賛ラインを考えるのも仕事のうちです。

「賞賛ライン」で仕事をしていれば、予定は常に前倒しになっています。期限当日に割り込みの仕事が入っても対応できるし、他の仕事に時間を使うこともできます。

自分を甘やかす癖がついている人は、賞賛ラインがデッドラインだと思って仕事をしてみてください。これを越えたら怒られると考えて、仕事をする。

気付けばあなたの評価はうなぎ上りです。

Point

31

期限を1秒でも越えたら催促

相手が忙しいこともわかっているし、自分だって忙しい。

そうなると、相手が期限を守らなかったときに許容してしまうことがあります。

相手が期限を守らなかったとき、あなたはどのような行動をとっていますか。

「きっと相手の方も忙しいんだろう」
「今、頑張ってやっているはずだ」
「あと1日だけ待ってみよう」

こんな風に考えているとしたら実は危険な兆候です。

もし、催促をしなかったらどうなるか。

相手は「あれ？　期限だと言っていたけどバッファがあったのかぁ」「期限を過ぎてしまったけれど何も言ってこないから大丈夫そうだ」と思います。こちらの善意が、都合のいい解釈を生んでしまうのです。

これが続くと「どうせ期限といってもプラス1日の余裕があるんだろう」「○○さんの

案件はちょっとくらい遅れても問題ない」となって、相手が期限を守らなくなります。ひどい場合は「〇〇さんは期限が適当だから催促されてからスタートしよう」なんて考える人もいそうです。

期限を守るのは、仕事を進める上で最低限の条件。しかし、よかれと思った配慮がその前提を崩してしまうことがあります。

相手に期限を守ってもらうのに有効な方法、それは「厳しい催促」です。

1秒でも過ぎたら催促する。厳しすぎるのでは、という意見もあると思いますが、期限を認識してもらうには、これが一番です。

催促をされたほうも、期限を超えているから催促をされた以上、反論の余地がないし納得感があります。

期限を越えてすぐに催促をすると「この人は時間に細かい人だ」という印象を与えることができます。催促をしなければ「この人は時間に細かくない」という印象がつきます。

中には、1時間くらい待ってあげようと思う人もいますが「バッファがあったのか」と思われる可能性があるので、間を空けずに催促したほうがいいです。

自分だって遅れてしまうこともあるだろうから、催促せずにいよう（私が遅れたときは催促しないでね）なんて思っているとしたら自分を甘やかしている証拠です。

それではいつまで経っても時間管理はできないし、効率化も図れません。今、自分を甘やかしても、将来、辛くなるのは自分です。まずは自分から変わりましょう。

自分が時間を守って仕事をすることで、周囲の意識も変わります。

期限を守らない人には

何度言っても期限を守ってくれない人がいるなら、期限を越える前に状況を確認するようにしましょう。相手を疑うのではなく、あくまでも進捗確認です。

「明日が提出期限ですが進捗はいかがですか？」

「今、仕事が立て込んでいるようですが、間に合いそうですか？」

「何かサポートできることはありませんか？」

このように声をかけてあげてください。社内に限らず、外部の方でも同様です。スケジュール管理が苦手だと期限を完全に忘れていることもあります。

期限を越えて自分が困らないためにも、周りに期限を守ってもらえるようなコミュニケーションをとっていきましょう。

スケジュールを相手に守らせるのもあなたの仕事です。

Point
32
マルチタスクの嘘

たくさんの仕事を抱え、複数の仕事を同時に動かしているとしたらマルチタスクの罠にかかっているかもしれません。

複数の作業を同時にこなせる。2つの仕事を同時にやったほうが業務効率はいい。そう考えていませんか。

でも、それは私に言わせれば完全な思い込みです。

人は、意識を向けないとできないことは同時にこなせません。

例えば、講演の音声をｉＰｈｏｎｅでしっかり聞きながら、本棚にある本を五十音順に並べる。このような単純作業をやってみてください。

おそらく、本を真剣に並べ始めると、音声が聞こえてこなくなるはず。逆に、講演の音声に集中しようとすると本を順番に並べるのを苦痛に感じるはず。

試しに、この本を読みながら夕食の献立を考えてください。目で文字を追っても頭に入ってこないでしょう。

私も、本を読んでいるときに周囲の話し声が聞こえ、それに意識が向いてしまい、本の内容が頭に入らず数ページめくっていたことがあります。

もちろん、無意識の活動と意識の活動は同時にできます。

私も歩きながら講演の音声を聞いたりします。でもそれは意識しなくても歩けるから音声に集中できるだけ。これが難易度の高い車の運転などになると、事故を起こす可能性が高まります。

意識を向けなくてはいけない行動は一つしかできない。

つまり、厳密な意味でマルチタスクはできないのです。人は「ワンシング」にしか集中できないという事実です。

二つのことを同時にこなしていると思っていても、実はA↓B↓A↓B↓A↓Bとスイッチをして、一つのことを順にこなしているにすぎません。

人は一つのことしかできないというルールがわかっていれば、無駄な行動が減ります。

Column

「今からだらだらする」と決める

時間管理についてセミナーで話をしたり、書籍やコラムを執筆したりしていると「平野さんは、ものすごくストイックに仕事をされているんですね。さぼったり、ぼーっとしたり、だらだらしたりしないんですか？」と聞かれることも珍しくありません。

私も、だらだらしたりすることはあります。ただ、「なんとなく」はしません。「今からだらだらする」と決めて、だらだらしています。ここまで書くと「やっぱりストイックだ」と言われそうですが、ただ楽をしたいだけ。

私は仕事の密度を高くすることを意識しています。9時から18時まで働くなら、この間の密度をとにかく高くしてその日の仕事を終える。仕事が終わったら、後は個人の時間です。飲みに行くことも、映画を見ることも、小説を読むことも自由です。その時間を確保するために仕事の密度を高めているといっても過言ではありません。

仕事ではない時間は、しっかりリラックスする。仕事モードのままだとリラックスできないので、いつからいつまで仕事をする、いつからいつまでリラックスすると決めてスイッチを切り替えるようにしています。そのほうが結果的に効率はよく、仕事の生産性も高まり、プライベートな時間も充実し、何よりストレスがなくて楽なのです。そのために時間を強く意識しています。

仕事の時間は長ければいいというわけではありません。密度を高くして、定時になったらさっさと帰るべき。

私は弛緩を大事にしています。

仕事は緊張状態が続くので、プライベートの時間は緩めるようにしています。趣味の飲食や散歩やランニング。そういったものに時間を使っています。

お酒を飲む時間は完全にプライベートな遊びの時間です。飲み会は意味がないから2時間で終わらせ、2次会は絶対に行かないという人もいます。でも、私の場合は2次会でも、3次会でも、4次会でも徹底的に行きます。なぜなら、それが楽しいから。ただそれだけの理由です。ルールを設けているとしたら、次の日の仕事に支障がない範囲でとことん付き合うということくらいです。今まで最長で12時間飲み続けたこともありますが、翌日は通常通り仕事をしています。

プライベートはあくまでも自分の時間。その時間で勉強をしてもいいし、遊んでもいい。ただ一つ言えるのは、緩める時間を持たないとストレスがたまってパフォーマンスが落ちるということです。

土日に11時過ぎまで眠ることもたまにあります。それを後悔したことは、ここ10年間で一度もありません。いつも「予定通りに遅く起きられた」、このように考えます。予定通りでなくても「予定通りだった」と思い込む。それによって時間に支配されている感覚にもなりにくくなり、後悔しないようになります。起きられなかったからといって後悔していると生活にも影響が出ます。

時間の使い方に線引きをしないと、何が必要で何が無駄かわからなくなります。仕事もプライベートも、その時間の使い方は無限大。そして、あなた次第です。

Chapter

4

手帳を使うな

クラウドツールを活用した「時間割仕事術」の極意

Point

33

一元管理、探しやすさで劣るのが手帳

ここからいよいよ実際の仕事の管理について話を進めていきます。

あなたは今、何を使って日々のスケジュール管理をしていますか。紙の手帳だけ、もしくは紙の手帳とGoogleカレンダーなどのクラウドツールを併用している人も多いでしょう。

結論から言うと、Googleカレンダーなどのクラウドツールのみで管理をするのが一番です。全ての情報を一元管理し、どこにいても情報をアップデート。さまざまな手法を試した結果がこれです。

忘れる、紛失する

どうして手帳を使うべきではないのか。その体験からお話ししましょう。

私も10年以上前は紙の手帳でスケジュールを管理していました。しかし、置き忘れたり、持参するのを忘れたり。必要なときに手元にないとスケジュールを確認できません。

歯医者に行って次の予約を入れようにも手帳を持っていないため、その場で予定が決められずあらためてこちらから電話するという二度手間が発生したことも数え切れません。

Ｇｏｏｇｌｅカレンダーで一元管理するようになってからは、ｉＰｈｏｎｅで常に確認できるので、その場でスムーズに予定を入れられます。

手帳は携帯していても紛失のリスクが常につきまといます。もちろんｉＰｈｏｎｅだって紛失のリスクはありますがパスワードがかかっているだけ違います。

酔っ払って手帳をどこかに置き忘れてしまったらどうでしょう。手帳には鍵がかかっていません。ぺらっと開けば個人情報や機密情報がダダ漏れです。

私は社会人になりたての頃、手帳をなくしたことがあります。翌日には出てきましたがその夜は生きた心地がしませんでした。

今、同じようなミスをしたら始末書だけでは許されない可能性が高い。お詫び文をウェブサイトに掲載して顧客にお詫び状を出して……気が遠くなります。

管理するものが増えればそれだけミスも起こりやすくなる。手帳はウェブツールに比べるとセキュリティにも限界がある。さまざまな要素を考慮して私は手帳を止めました。

手帳は履歴を追えない

紙の手帳を否定する理由に「検索性の低さ」が挙げられます。

「去年のこの時期に○○があったと思うんだけど」と調べようにも手帳は目視するしかありません。ひたすらページをめくり、記憶を頼りに探す。記憶違いがあればそうやすやすと見付けることはできません。

一方、クラウドツールなら検索するだけ。すぐに見付け出すことができます。インターネット検索と同じようなイメージです。

これからは検索して見付ける。これが主流になるでしょう。検索することがわかっているなら検索に使用するキーワードを使って予定を書き込めばいいだけです。

コピーできない、毎回手書き

手帳は、繰り返しの予定を入れるのに適していません。

毎週会議がある場合、手帳であれば毎回手書きで予定を書き込みますが、クラウドツールなら1回登録して「繰り返し」と設定すれば未来永劫同じ予定が登録されます。

仮に、毎週月曜日に営業会議があるとします。1年間で約50回、手帳に「営業会議」と書いているわけです。

「今から手帳に、営業会議って50回書いてください」と言われたら多くの人が「面倒だなぁ」「その都度書けばいいじゃないか」と嫌悪感を覚えるでしょう。子どもの頃にやった漢字の書き取りを思い出せば、辟易するでしょう。

でも、手帳に書くことは深く考えずに続けている。

よく考えてみてください。実際には1年間に50回も同じ作業をしています。分散しているから意識していませんが、それだけの時間を投下しているのです。

日単位で考えれば無駄があるようには見えませんが、1年に拡大して考えると無視できません。なんと5秒の記入が100回あれば500秒。つまり8分強の時間が無駄になっているのです。

手帳選びに時間がかかる

手帳を使っている人は、1年に1回、新しい手帳を購入します。

年末になるたびに「次はどの手帳にしようかなぁ」と考えるわけです。それはそれで楽しいかもしれないけれど、手帳を選定することに時間を費やします。昨年の反省を基に最新の手帳を選ぶ。モチベーションが上がりそうなものを選ぶ。

実際、そのモチベーションはどのくらい継続するのでしょうか。工夫が凝らされた最新の手帳への関心も1週間しかもたなかったという人を何人も知っています。

仮に「毎年、同じ手帳の最新バージョンにしよう」と決めているなら選ぶ手間もありませんが、「今年はどれにしようかな」と振り出しに戻る人が大半です。買いに行く時間（30分から1時間程度）が意味のある時間ならいいですが、手帳を持つことに明確な理由がなければ不要な時間であると感じています。

Point 34

それでも手帳を使いたいなら

とはいえ、頑なにＧｏｏｇｌｅカレンダーを推奨するわけではありません。

手帳を使うのであれば、次のことを徹底してください。

①全ての予定を手帳に書き込む

「○○を考える」「移動時間」などの細かい業務も全て書き込む。自分とのアポイントメント（以下、アポ）も全て書き込み、空白の時間は完全な空き時間だとわかるようにする。

予定は移動や変更が発生することが前提のため消せるボールペンで書く。

Ａ４判くらいの大きさの見開きで１週間の予定が書ける手帳を推奨。そのくらいの大きさでないと字が小さくなって予定の管理が難しくなります。

②一元管理

紙の手帳を使うと決めたら他には何も書かず全て手帳に集約。クラウドツールでの管理はしない。付箋などに書いていたものも手帳で一元管理。卓上カレンダーなどは使わない。手帳は常に肌身離さず持ち歩くくらいの覚悟が必要。併用が一番ミスを生みやすい。手帳を使うならここまで徹底してください。

今までいろいろなビジネスの現場を見てきました。職場によっては推奨されるツールや使えるツールに制限があります。紙の手帳が推奨されていたり、共有パソコンのためクラウドツールが使いにくかったり。

ただ、今は紙の手帳を推奨していても、数年後にはクラウドツールに移行する企業が多いと予想します。自分に選択権がないとしても、本書で述べているような考え方を今、使えるツールに落とし込んでみてはいかがでしょう。

できないことを理由にせず、できることから始めてみませんか。

Point 35

TODOリストの欠点を知る

TODOリストは仕事の必須ツールだと思っていませんか。

それは間違ってはいませんが、TODOリストだけでは仕事の管理はできません。TODOリストには時間の概念が欠落しているという致命的な弱みがあります。

TODOリストとは「□　山田さんに電話」のように何をすべきかまとめたリストです。終わったら「☑　山田さんに電話」のようにチェックを付けたり、「~~□　山田さんに電話~~」のように消し込み線で消したりします。

このTODOリストが持つ欠点を具体的に説明していきましょう。

次のようなTODOリストがあったとき、どの順番で処理をしたらいいでしょうか。

□ 税理士の山田さんに電話
□ セミナー参加者5名にお礼メールを送る
□ 時間管理についての書籍を執筆
□ 売り上げアップについて考える
□ 広告代理店と打ち合わせをする
□ A社の見積書作成
□ B社の提案書作成

こういったリスト管理をしている人は「終了！」と消すことに快感を得ているので「電話をかける」「メールを送る」など着手しやすいものから対応する傾向があります。

その結果「書籍を執筆」「売り上げアップについて考える」などのような時間のかかるTODOや抽象的なTODOはなかなか処理されません。

「いつかできたらいいなぁ」という願望のままなので、残り続けます。見て見ないふりをしていてもTODOは消さない限り残ります。TODOが悪いのではない。消さないあなたが悪いのです。

では、ここに優先順位をつけたらいいのかというと、それも問題がありそうです。タスクの優先順位を次のようにつけたらどうなるでしょう。緊急で重要なものを優先的に処理するはずです。

④□　税理士の山田さんに電話
②□　セミナー参加者5名にお礼メールを送る
③□　時間管理についての書籍を執筆
⑦□　売上アップについて考える
⑥□　広告代理店と打ち合わせをする
①□　A社の見積書作成
⑤□　B社の提案書作成

こうして処理をしているそばから、次の仕事が入ってきます。すると、いつまでたっても⑥と⑦のタスクは処理されません。後回し、後回し。

そもそも、優先順位って、本当に優先順位なのでしょうか。

よく「優先順位をつけて仕事をしろ」と言われますが、仕事として認識しているものは「すべてやれ！」です。優先順位をつけるのではなく、やるかやらないかしかない。順番はあるようでありません。あるとしたら発生した順です。やると決めた瞬間にスケジュールを立てて、すぐに着手するのが早いと思いませんか。

ＴＯＤＯリストには時間の概念がない

ＴＯＤＯリストによる時間管理の決定的なデメリットは時間の概念が入っていないこと。そのタスクにどのくらいの時間がかかるのか、いつまでにやったらいいのか。それらの情報が欠落しています。

そうなると「やりやすいものから」「好きなものから」と偏った処理になるのは自然のことでしょう。

Point 36

TODOリストは備忘録で大活躍

TODOリストを使っていないわけではありません。

私も備忘録や業務の把握として、TODOリストは使っています。

短期的な備忘録としての活用法

TODOリストの本来の役割は備忘録です。一時的な記録に向いています。何らかのトリガー、役割はそれだけです。

例えば、「ミルクを買う」「豆腐を買う」「鶏肉を買う」という買い物リストも本来の使い方といえるでしょう。

一時的な記録というのは「山田さんに電話をする」「セミナーのお礼メールを送る」のように、カレンダーに転記するまでもないけれど、やらなくてはいけないこと。もしくは、内容が定まっていないため、すぐにはカレンダーに転記できないもの。

スタッフから「山田さんに電話してください」と言われるたび、カレンダーに転記するのは非効率です。数分で終わる予定をカレンダーに入れるのはかえって管理が煩雑になるのでオススメできません。そのようなときは、TODOリストに記載して、手が空いたときに処理します。

長期的な備忘録としての活用法

TODOリストを長期プロジェクトの備忘録として使うこともあります。

例えば、「本を書く」「ウェブサイトを作る」のような大きなプロジェクトをいったん記録します。TODOリストで業務管理をするのではなく、あくまでも、カレンダーに転記する前の一時保管場所として使うのです。

TODOリストに書いてあることで、そのプロジェクトのことを意識します。人は意識しなければそれをやろうという気になりません。

私はTODOリストに「時間管理の本を書く」というメモを残していました。それだけで出版は決まりませんが、毎日、その言葉を目にすることで意識します。このTODOを消したい。そのためにはどうしたらいいか。それを具体的に考えるようになります。

実際に出版の話が進んだのはカレンダーに「本の企画書を作成する」という1時間の予定を入れてからです。その予定が完了したら「企画書を○○さんに見てもらうためにメールを送る」とTODOリストに入れていました。

メール1通は5分程度で送れます。関連する作業を行うとしても30分程度でしょう。このレベルの取り組みやすいものはTODOリストだけでなくカレンダーにも「いつやる」と決めて30分の業務として時間を確保。

初めは本の企画がうまく進みませんでした。Aさんに連絡をしても「興味がない」と言われ、すかさず「Bさんに連絡」とTODOリストに書き込み、根気強くアプローチ。

このようなことを続ける中でプレジデント社の編集者と出会ったのです。取材を受けたときに「時間管理の本に興味はありませんか?」「企画書を一度見ていただけませんか?」

と切り出すことができました。

これも、TODOリストに書いて「やる」と決めていたからです。常に気に留めていなければ、この本はいつまでも世に出ることはなかったでしょう。

本の執筆のような大きなプロジェクトは、すぐにできる小さなタスクに分解しておくと取りかかりやすくなります。巨大な肉の塊も、サイコロ大であれば楽に食べられます。それと同じことです。自分の口に合ったサイズに切り分けて、どんどんリズミカルに食べていくのです。

TODOリストは、カレンダーに入れるほど具体的になっていないけれど、長期的に取り組みたいプロジェクトなどを、気に留めておくためのメモとして使うのがよいでしょう。常にTODOを見ることで「あ〜、まだ何もやっていないなぁ」と自分にプレッシャーを与え続けるのです。

TODOリストによるタスク管理、付箋による備忘録、手帳によるスケジュール管理、この全てを集約できるのがＧｏｏｇｌｅカレンダーなどのクラウドツールを活用した「時間割」です。

次の項から、実際のカレンダー活用術をお話しします。

Point 37

大人も「時間割」を作ろう

小学生が国語、算数、体育、音楽とバランスよく学べるのはなぜでしょう。

おそらく、本人に任せていたら、ずっと体育ばかりやっている子もいるでしょう。私が小学生なら算数ばかりやっていたはず。でも、バランスよく勉強をしてきたからこそ、今があるわけです。

子どもと大人のスケジュール管理の違いはどこにあるのか。それが『時間割』です。

小学校、中学校、高校、大学と16年間、私は時間割の中で生活してきました。何の疑問を挟むことなく、開始時間になったらその授業に参加。終わったら次の予定に向かう。時間割があったからやるべきことを決められた時間で、偏りなくできたのです。

社会に出て時間管理に苦しむのは、時間割がないからです。

全てを自分の裁量で決める。それは自由でもあり、自由ゆえの苦しみでもあります。

そんな私も就職して一つの壁にぶち当たります。

営業職として就職したのですが、何をやったらいいのかわからないのです。

先輩からは「君の仕事は営業だから、とにかくアポを取って売り込んでこい。ただそれだけだ！」と指導を受けました。

「何時から何時までテレアポ（電話営業）をするべきですか？」と聞いても「自分で考えろ！」「アポが取れるまで、電話するんだ」と言われるだけ。

それまで時間割の中で生活していた私は大きな違和感を覚えました。何をしたらいいかわからない。でも、自分で決めるしかない。

適当に朝は電話をして、午後はお客さんのところを回る。午後は2社回るのも、3社回るのも自分次第。そうなると、その先には「堕落」しかありません。

モチベーションが高かったときは午後に3社回っていましたが、自分で決めていいとなると午後に2社しか回らないようになります。疲れているときはあえて遠方のアポを入れて片道2時間近くかけて訪問、商談1時間。ちょっとした小旅行です。

今思えば、なぜこうなったのかは明白です。「時間割」がなかったからです。

起業してからもしばらくはそうでした。

全ての仕事が行き当たりばったり。アポは手帳で管理し、作業などはTODOリストで管理。TODOリストを見ながらやりたいことや簡単にできそうなことを優先。しかも、なぜか常に締め切りに追われ深夜まで仕事をしていました。

そこで初心に戻って時間割を作ってみることにしたのです。

当時、手帳には面会の時間や会議の時間など人と関わるものを入れていました。そこに落とし穴があったのです。

手帳を見ると、入っているのは人との約束ばかり。面会の予定や、誘われたイベントの視察。人と会う予定を入れることで満足していました。

でも、その日が近くなると仕事が回っていない。人と会う予定ばかり入れて自分の作業時間を一切確保していなかったからです。そうなると食事や睡眠、プライベートな時間を削るしかありません。

自分にアポを入れる

そこで、自分とのアポもカレンダーに入れるようにしました。

研修や打ち合わせといった人が関わる予定だけでなく、自分だけで行うことも全て時間を確保。

メルマガを書く、ウェブサイトを修正する、経営について考える、仕事の本を読む、移動する、ホテルに宿泊する。そうした自分の全ての行動予定をカレンダーに書き込むと使える時間が明確になります。その少なさに驚きました。

これが私の時間割仕事術の原点です。

自分がやるべきことをカレンダーに書き込み、後はそれをただ粛々とこなすだけ。

30分から数時間の枠を取り、その時間内で決められたタスクをこなす。予定にないことは基本的にはやらない。これを徹底しただけで、スケジュール管理が一気に楽になりました。

もちろん、30分や1時間でやるという時間を見積もるスキル、その時間内でやり切るスキルも必要です。これは後述しますが、やりながら磨けば十分。まずは、時間割の世界に飛び込んでください。

研修などの予定が決まったらすぐにＧｏｏｇｌｅカレンダーに入力します。その前後には「移動」「撤収」などの時間も入力します。

飛行機もその場で予約してフライトの時間をカレンダーに入力。飛行機の便などの情報や、会社から空港までの移動時間も入力しま

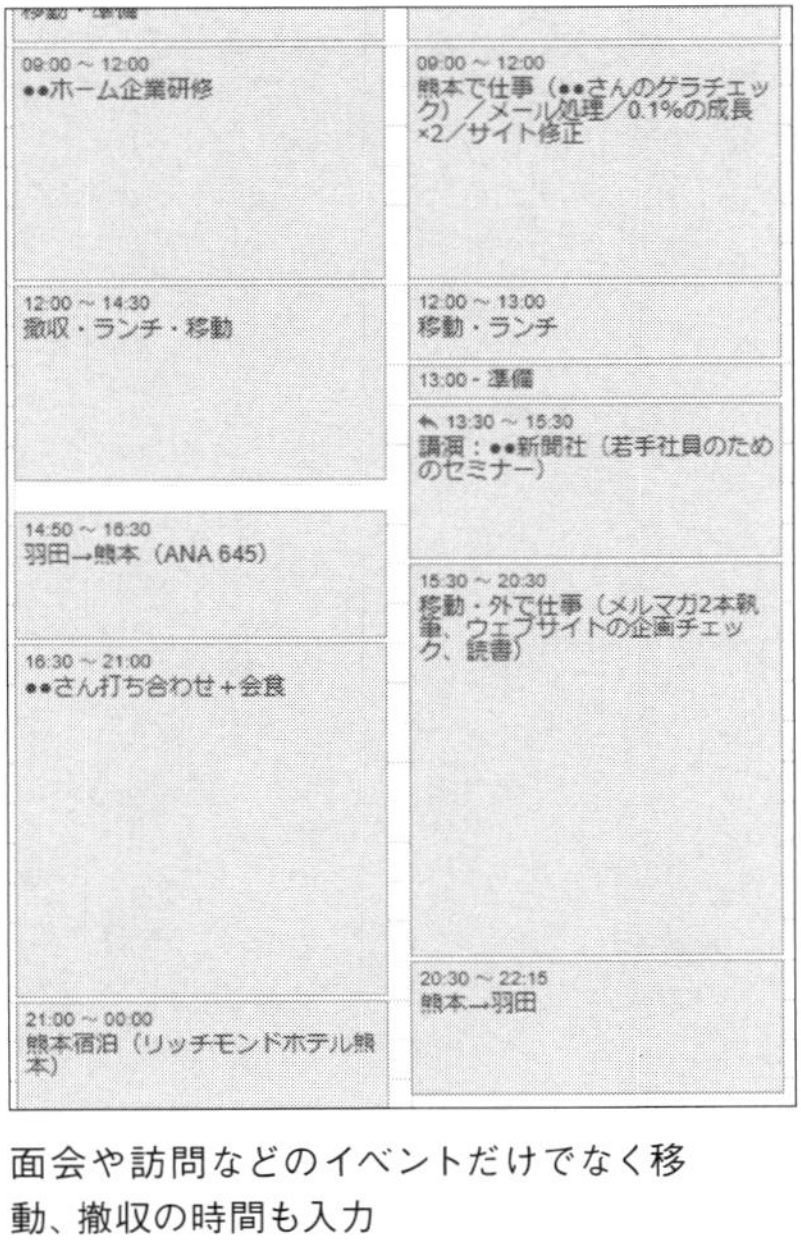

面会や訪問などのイベントだけでなく移動、撤収の時間も入力

す。経路も具体的に。宿泊があれば「福岡宿泊予定」のように宿泊することを宣言しておきます。ホテルが確定したら「福岡宿泊（ホテル○○）」と更新。そして、研修の1週間前くらいに「資料作成・リハーサル」という時間を2時間から3時間くらい設けます。

準備から当日の行動まで全ての予定をカレンダーに入力。予定の時間になったら会社を出て空港に向かう。カレンダーに入れている通りに行動するだけです。

その都度「何をすべきか？」と考えるから疲れるのです。予定が決まったら取るべき行動が決まるので、それを全てカレンダーに書き込んで自分に指示を出す。カレンダーは自分の秘書のようなもの。組まれた予定を言われた通り、無感情でこなすイメージです。

この無感情というのが実はミソです。

目の前にたくさんの仕事があると仕事を選んでしまいます。面倒だから後回しにしよう。別の仕事をしよう。こう考えてしまうと、やるべきことが進みません。

重要なのは、決められたタスクを決められたタイミングでやること。そこに感情が入り込む余地はありません。

「時間割」があると「時間になったからやろう」「これは予定だから仕方がない」と思えてくるから不思議です。カレンダーに背中を押されるので心理的な負担を大きく削減できるでしょう。

Point 38

手順がわかれば投下時間もわかる

Googleカレンダーによる時間管理は、「投下時間を正確に見積もる」「全ての予定を入力する」――、この2つが重要です。この2つを着実に実行しPDCAサイクルを回していく。ただそれだけです。

しかし、自分の作業になると時間を考えないで実行する人が非常に多い。「まずやってみる」「終わったら終わり」、このような感覚の人も、カレンダーによる時間管理をするためには、かかる時間を正確に見積もることから始めます。

例えば、ウェブサイトを1ページ追加するという業務があったとします。このときに、どうやって時間を見積もるべきでしょうか。なんとなく経験から「3時間くらい」と見積もり、取り組んでみたら1時間で終わったとしたら。

2時間も早く終わったのだから評価されるべきだと思うかもしれませんが、実は逆です。見積もりの仕方が悪かったと反省するべきです。自分の作業を客観視できていない証拠です。

早く終わったら他にやることを探さなくてはいけなくなります。探す気にならず暇をもてあますかもしれません。

8時間かかると思った業務が8時間で終わった。それがある意味、目指すべき姿です。

時間の見積もり方

正確に時間を見積もるのは簡単です。作業全体の手順を考えればいいのです。

例えば、ウェブサイトの修正は、今あるページを複製して対応するとします。該当するページを複製、原稿を書いて流し込み、一部デザインを修正。保存したデータをFTPソフトで仮ページにアップしてチェック。問題がなければ本番環境にアップをし直す。

このように全体の手順を細分化します。それぞれ細かい作業が見えれば、投下時間もわかります。

各過程にどのくらい時間がかかるのか。複製はものの数秒。原稿の作成は45分程度。デザインは得意だから15分。このように自分のスキルと照らし合わせて時間を見積もります。すると、トータルの作業時間は1時間強だと予測がつきます。

時間を見積もるときには、具体的な手順を思い浮かべて予測をする。

慣れてきたら、過去の経験からざっくりと時間を見積もっても構いません。

かかる時間を予測するスキルというのは、非常に重要です。

社内で部下を指導する立場の方なら、依頼をするときに「これってどのくらい時間がかかると思う?」と聞いてみてください。返ってくる時間があまりにも見当違いなら「それってどんな手順でやるのかな?」とさらに聞いてみてください。その部下も手順から時間を見積もるようになるでしょう。

人は、手順さえわかれば、その時間が見積もれます。時間が見積もれないのは、仕事全体のイメージがつかめていないからです。


私のセミナーでは、次のような簡単な課題を出します。その行動にどのくらいの時間がかかるかを見積もってもらいます。そして、見積もることにどのくらいの時間がかかるのかを体感してもらいます。

ぜひ、時間を見積もるトレーニングとしてやってみてください。


「今から、東京駅に行ってください」

「この本のエッセンスを４００文字にまとめてください」

「自社（自分）の売り上げを10％アップさせる方法を考えてください」


人は、既知のものは時間を見積もることができます。単純なことも同様に簡単に見積もれます。

しかし、経験していないものや複雑なものは簡単に見積もることができません。そのため、過去の経験から予測できないものは、まずやってみて、その後に見通しがついたら時間を見積もるということでも構いません。何も考えずに最後までやり続けるより、よほどましです。

自分の行動を記録する

経験の浅い若手社員などは、このような見積もりが全くできないことがあります。その場合は、自分の行動を記録するところからスタートしてください。10分刻みぐらいで自分の行動をカレンダーに記録していく。そうすると、自分は何をどのくらいの時間でできるのか、自分の行動の輪郭が見えてきます。輪郭が見えると、予定の時間の目安を立てられるようになります。自分の行動パターンを知るために、自分の時間に意識を向けるところからスタートしてもよいでしょう。

細かく記録をしていくと、1日3回もたばこを吸いに行っている。会議がいつも1時間で終わらない。〇〇さんとの電話は時間がかかる。このように行動の時間配分や傾向に気付くことができます。

1・4倍で見積もる

時間を見積もるときには、1・2倍から1・4倍くらいで見積もるようにします。この、ちょっと多めに時間を取るのがポイントです。

ある仕事が30分でできるとします。その場合は、35分から45分で見積もります。その仕事をしている間に、電話が鳴ったり、部下や上司から声をかけられたり、割り込みの仕事が発生することもあるからです。その都度、予定が遅れるのはストレスになります。それを解消するためにも、あらかじめ余裕を持たせておきます。

一人で作業することの多い個人事業主の方などは、おそらく割り込みの仕事が少ないでしょう。それならば、見積もりは1・0倍から1・2倍にしても構いません。余裕を取りすぎると、実際の行動がスカスカになり密度が低くなってしまうこともあります。ほどよいバランスを心がけてください。

私の場合、自宅やホテルで仕事をするときは、全て思い通りにコントロールできるので1・0倍で考えます。会社で作業をするときは、スタッフから声がかかることもあるので1・2倍程度で見積もっています。

Point 39 繰り返しのタスク（月・週・日）を埋める

カレンダーに自分の予定を埋める前に、やらなくてはいけない繰り返しの業務を把握します。月、週、日単位で繰り返している仕事。そうした繰り返しの業務が把握できていないと「そうだ、あれもやらなければ」と思い出し、見通しが狂っていきます。

自分の使える時間を明確にするためにも、繰り返しの業務は漏れのないよう把握しましょう。

例えば、次のような業務が繰り返しの業務として存在するとします。

［月で繰り返し発生する業務の例］

1日　ウェブサイトの定期更新

22日　給与振り込みの手配

月末　月報提出／入金確認・催促

［週で繰り返し発生する業務の例］

月曜日　9時から9時30分まで営業会議

金曜日　週間交通費の精算書を出す／週報提出

［日で繰り返し発生する業務の例］

主要顧客のウェブサイトをチェック

日報提出

繰り返しの業務を把握し、予定に組み込んでおけば「今日は忙しかったからできなかった」という事態に陥ることはありません。

確実に発生することがわかっているものは、事前にカレンダーに入力して予定を入れるのです。これで使える時間が明確になります。

ランチや休憩の時間も入れておきましょう。ランチの時間はしっかり休むべき。予定として組んでしまったほうがよいのです。

小さな仕事はパッケージにする

小さな仕事をたくさん抱えているときは、その中のいくつかを一つの仕事のパッケージとしてまとめます。

私は次のような業務を小さなパッケージとしてまとめ、朝の30分間で処理しています。

・自社のウェブサイト（7種類）が正常に表示されているかチェック（2分から3分）
・広告の無駄遣いをしていないかチェック（3分から5分）
・お客さまのFacebookをチェックしてコメント（5分から10分）
・昨夜から届いたメールの処理（残りの時間）

数分で完了することも繰り返しの業務として予定に入れておくと、対応漏れもなくなります。

以前、自社のウェブサイトが改ざんされたことがあり、お客さまからの指摘で気付きました。ウェブサイトは会社にとって生命線。毎日、きちんと表示されているかを確認しなければならないと痛感しています。

どんなことでも、やるべきことを日々の予定に組み込んでからは、何か問題があったら即座に対応できています。

Point

40

「大きなタスク」→「小さなタスク」で時間を埋める

繰り返しの業務を予定に入れたら、次はその他の予定を入力します。

そのときに重要なのが、大きな予定から先に入れるということ。なぜなら、小さな予定を先に入れると空き時間が細切れになり、大きな予定のブロックが入らないことがあります。まとまった時間が確保できないから、いつまでたっても実施されないということがあるのです。それでは意味がありません。

小さな予定も、「この時間にやらなければならない」と実行する時間を動かせないときは先に入れても構いませんが、「いつやってもいい」というものは、大きな予定の隙間に入れます。

1日がかりの大きな予定は大きな石、2時間から3時間の予定は小石、30分程度の予定は砂、1分から2分で終わる電話などの予定は水だと思ってください。それを自分のスケジュール（コップ）に入れます。

【水→砂→小石→大きな石】の順番で入れてはいけません。最後に大きな石が残ってしまいます。

逆に【大きな石→小石→砂→水】の順番で入れると多くのものを入れることができます。水のような流動的なもので隙間を埋めることが重要です。

私の仕事を例にタスクを埋めてみましょう。

【大きな石】……動かしにくい予定

日程が決まって動かせないものをカレンダーに入力します。

私の場合は、研修や講演などがそれに当たります。確定した日程が急に変更されることもありません。そういったものからどんどん埋めていきます。

それに付随して前後の移動時間も確保します。交通経路などを調べ、所要時間を転記します。

会場には1時間前には着きたいのでセミナー開始前1時間の枠に「準備、待機」などと記載しておきます。

その他、定期的に行うことになっている会議や決まったアポなども先に埋めておきます。

人が関わる予定を先に埋めます。

【小石】……移動は可能だけど、できればそこでやりたいもの

大きな予定を起点として発生する業務もカレンダーに入れておきます。

私の場合、研修前のリハーサルや資料の作成など、まとまった時間を要するものがそれに当たります。

公開セミナーを開いたら、必ず一人一人にお礼メールを出しています。そのため、セミナー翌日のカレンダーには「お礼メールを送る」という予定が、人数×3分から5分で組まれています。お礼メールも4日から5日後に送ったのでは効果激減。間は空けないほうがいい。だから、あらかじめ翌日の午前中に予定として組んでいます。

「忙しいからできなかった」はただの言い訳です。あらかじめ発生する業務は予定に組み込んでおく。そうすれば作業予定のダブルブッキングは防げます。そして、つつがなく全ての業務を終えることができます。

他にも、営業だったら「テレアポ3時間」「既存顧客フォローー電話2時間」のようにまとめて時間を取りましょう。提案書を作るのであれば「○○社提案書作成2時間」のように時間を確保します。これも小石レベルの業務です。

【砂】……自由度が高く、隙間を埋めるのに適している業務。30分から1時間単位

見積書を作る。提案書をチェックする。訪問のお礼メールを書く。このようなまとまった業務を砂の時間と考えています。

かかる時間は1時間以内であっても時間割に埋めていきます。

【水】……数分で終わるもの。移動が容易にできる流動的な仕事

経費の精算をする。資料を印刷する。部下に指示をする。電話をかけて内容を確認する。このような5分以内でできる仕事は全て水のように流動的な業務だと考えてください。やらないわけにはいかないが、いつやってもいい事柄は、順番としては隙間時間で対応するのが望ましいでしょう。

このように、それぞれの仕事を大きな石、小石、砂、水のように分類していくと、時間割に組み込みやすくなります。ちょっとしたタスク（ここでいう「水」の仕事）は、TODOリストに並べておき隙間時間に対応します。

仮の予定も全て埋める

私は自分のカレンダーをスタッフに公開しています。

カレンダーを公開しておくと、予定が埋まっていない時間はスタッフが空き時間だと思って、アポを入れたり、面談の依頼をしてきたりします。

そのため、仮であっても予定が発生したらカレンダーにすぐに入れていきます。カレンダーの候補日に「○○（仮）」と書きます。この（仮）を入れておかないと、正式な予定だと自分自身が勘違いする可能性もありますし、（仮）と書くことで、スタッフも「○○の日程って変更可能ですか？」と調整しやすくなります。

正式な日程が決まったら、それ以外で仮押さえしていた日程は速やかに削除。候補日の（仮）の文字を取って確定した予定に昇格させます。

Point

41

カレンダーのメモを手順書代わりに活用

私にとってGoogleカレンダーは「手順書」置き場でもあります。繰り返しの予定を設定したり、予定の中にメモを残したり。これが非常に重宝するのです。

例えば、ホテルを予約したら、チェックインからチェックアウトまでの時間をカレンダーに確保し、次のようなメモを残します。

- ホテルの電話番号
- 地図へのリンク
- 最寄り駅、交通経路

こうした情報を記載しておけば、ホテルに電話をかけたいときや道順を確認したいときはメモをチェックするだけ。

インターネットでホテルを検索する手間も省けます。その都度、検索するよりも初回に調べた情報をコピー・アンド・ペーストしておいたほうが便利です。

スタッフにカレンダーを公開しているので、そのカレンダーのメモを見て私の代わりにホテルと連絡を取ってもらうことも可能です。


企業研修が決まった場合は、次のような情報を入力しておきます。

・主催者、担当者、電話番号
・研修の目的、課題
・参加人数、受講者層（役職、男女比など）

研修に登壇する30分前に、控え室でスマホからカレンダーのメモを見て研修イメージを膨らませることができます。

このように、カレンダーの予定と関連したメモは非常に重宝します。

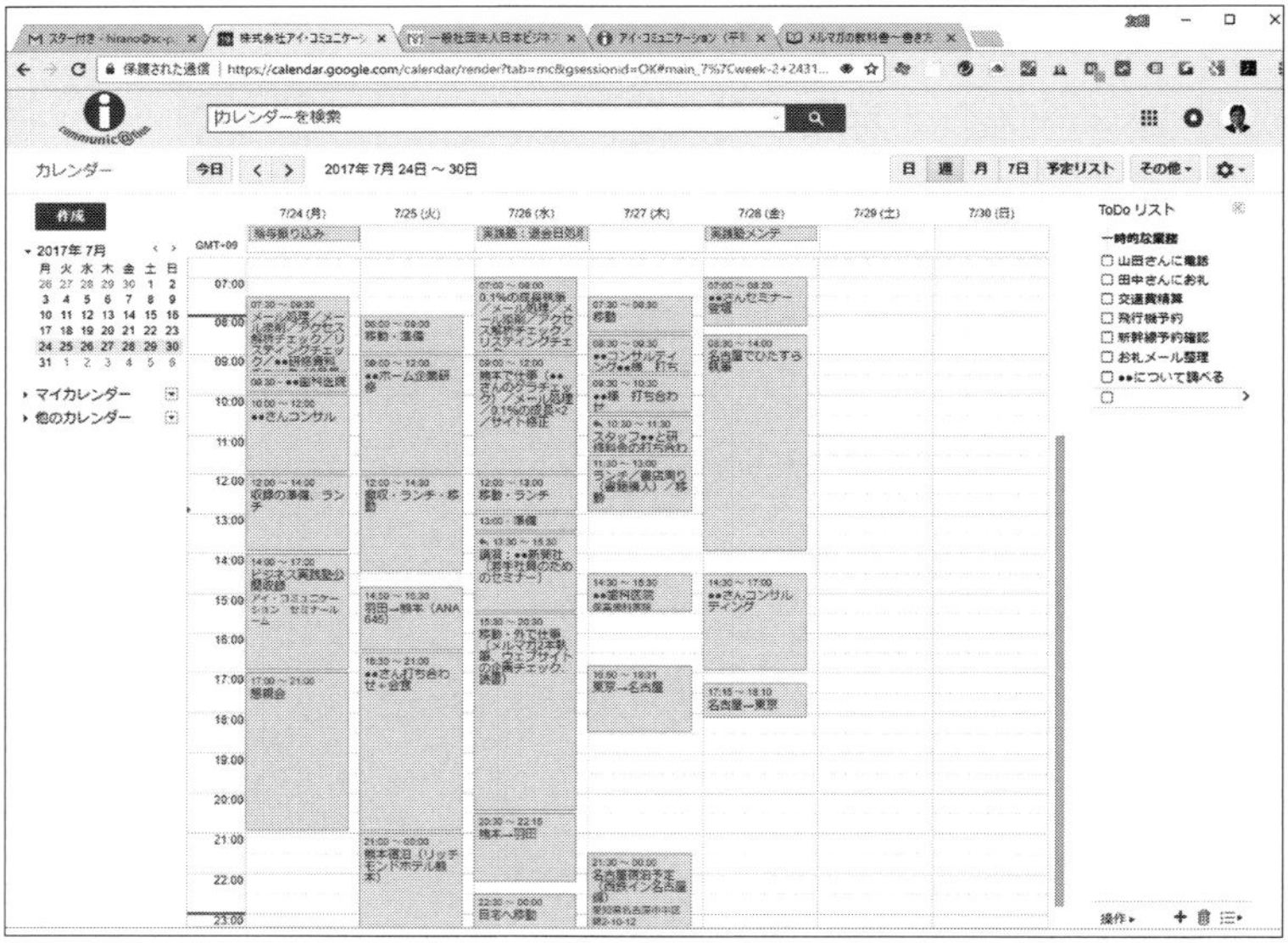

スケジュールはスタッフにも公開。予定をクリックすると、訪問先の担当者名、電話番号や住所などが記された メモが表示される

メモの応用として「繰り返しの業務」もカレンダーの中に登録しています。

例えば、弊社では銀行のログインＩＤが合計４つあります。ログインＩＤはブラウザに記憶させているので、そこから選ぶ。パスワードは暗記しているので間違いようがありません。

今までは、記憶を頼りに該当するであろうＩＤを選択していました。外れたら再試行。これは本当に無駄な時間です。

今は、毎月22日のカレンダーに次のような情報を記載しています。

・ｘｘｘｘｘｘｘｘ76 会社　ユーザー
・ｘｘｘｘｘｘｘｘ74 アイ・メール　ユーザー
・ｘｘｘｘｘｘｘｘ73 会社　管理者
・ｘｘｘｘｘｘｘｘ71 アイ・メール　管理者

これを見ると末尾が「76」から振り込み処理をすればいいとわかります。

ちなみに、毎月22日としているのは、土日が入ったら振り込めなくなるからです。25日が給与の支払日なので前日までに手配が必要です。土日が入ることを想定して22日に設定しています。この設定は未来永劫繰り返しているので、１００年後のカレンダーを見ても同様に入力されています。

銀行口座が変わったり、ＩＤが変わったりした場合は22日のカレンダーに上書きをします。その際、翌月以降の22日のカレンダーに繰り返すという設定をすれば、将来の上書きが一瞬で終わります。

こういったＩＤをメモ帳やエクセルで一元管理する人もいるでしょう。しかし、多くのＩＤが並んでいる中から該当するものを見付けるのは一苦労。カレンダーに入れておけば探す手間もかかりません。

これ以外にも、決算日（11月30日）のカレンダーには、毎年税理士の先生から言われている減価償却や棚卸しの方法などの手順書を入力しています。

これを入れる前は、毎回確認して教えてもらっていました。しかし、5年も、10年も同じことを聞いても覚えられないなんて、ちょっとショックです。そのため、自分のためのマニュアルを整備しました。

質問することが減れば、別のアドバイスに時間を取ってもらえるようになります。自分の時間だけでなく相手の時間を軽減することは、結果的に自分のためにもなるのです。まさに、「情けは人のためならず」ですね。

将来の「繰り返し業務」は手順書で効率化

確実に将来、同じことをするなら、その手順をまとめておくべきでしょう。手順書があれば試行錯誤して疲れ果てることもなくなります。

引き出しに入っていると思って順番に上から開けていったら、5つめの引き出しで探し物を見つけたという経験はありませんか。これも実は試行錯誤の行為です。それなら引き出しに「領収書」「セミナー備品」などのラベルを貼っておけば一目瞭然です。

試行錯誤というと聞こえはいいかもしれませんが、それは場当たり的な行動になりがちです。迷路にいるネズミが、どこかにあるチーズを試行錯誤で探しているようなイメージです。でも、私たちは賢い人間です。地図（この場合は手順書）を作ればチーズを一発で見付けることができます。

気付いたら一日中、試行錯誤していたということもあるでしょう。

昔の私は試行錯誤の連続でした。繰り返しの業務も手順書を作らないから毎回調べて、予定や計画を立てないでその場の成り行きに任せていたように思います。

いつも試行錯誤して、人に聞いてばかりいたらどうでしょうか。聞く時間もかかるし、相手の答える時間も奪う。返事が来るまで仕事は止まる。手順書を作っていれば解決できることばかりです。

試行錯誤に酔いしれていた自分に喝を入れたいくらいです。無意識に遠回りしていることに気付いていませんでした。

今は無駄な行動を徹底的に撲滅し、最短距離でゴールを目指すようにしています。

Point 42

チェックリストは必須

手順書と同様に重要なのがチェックリストです。チェックリストで作業の抜け漏れをなくします。

飲食店でトイレに行き、壁に掃除のチェックリストが貼ってあることに気付いたことはありませんか。誰が、いつ、どこを掃除するのか。それが一覧になっています。

もし、このチェックリストがなかったらどうなるか。おそらく、自分が気になる点だけ掃除をしたり、掃除をすることを忘れたり、細かい抜け漏れが大量に発生することでしょう。

チェックリストがあることによって「考える」必要がなくなります。

再三、考える必要がないと書いていますが、掃除をするときに「どこを掃除しようかな」「次は何をしようかな」——、こう考えることもウィルパワーを消費しています。繰り返しの定型業務はチェックリストに従い、何も考えずにただ淡々とこなしましょう。

チェックリストを活用すれば、試行錯誤や手順のミスをなくすことができます。

総務関連の業務であれば、社員の入退社時のチェックリストも整備できるでしょう。私は経営者として社員の管理もやっていますが、社員が入社するたびに社会保険労務士の先生に「どんな手続きが必要なんでしたっけ?」と聞いていたらどうでしょう。

正直無駄です。聞くためのメールを書いたり、電話をしたりするのも時間の無駄。場合によっては、追加の料金がかかるかもしれません。

一度行ったことはチェックリストにまとめておけば、次に同じような業務が発生したとき、チェックリストを見るだけですべきことがわかります。

習慣化できればチェックリストは不要

出張の準備もチェックリストを作っています。

実は、過去10年のうちに3回も重大な忘れ物をしました。それはパソコンの電源コードです。通常、数時間の研修であれば付属のバッテリーで十分なので電源コードは持ち歩きません。その習慣があるため、出張時に忘れることがたまにありました。研修中に電源が切れてしまっては大変です。3回とも電器店に走り電源コードを購入。もちろん会社に戻れば電源コードはあります。購入するコストも買いに行く時間も無駄。そして不要なストレスも感じているのです。

たかがチェックリストだと軽視できません。人は「記憶」に全てを頼ることはできません。絶対に忘れるものだと確信を持って生きるべきです。

チェックリストも反復すると次第に慣れて、意識しなくてもチェックできるようになります。記憶しているわけではないのですが、チェックするという行動が体に染み込んでいくようです。私も今では「出張の持ち物リスト」は使っていません。完全に習慣化されました。

このように習慣になるまではチェックリストを使って抜けや漏れがないようにして、習慣ができたら手放せばいい。

チェックリストを持つことによって、誰がやっても品質は一定になります。人によってばらつきがあるのは、見ているものが違うから。チェックリストを使って見るものを統一すれば、ある程度の個人差は解決できます。

Point 43 1日30%は空けておく

自分の思い通りに仕事をこなすというのは難しいことかもしれません。カレンダーに予定を目一杯詰め込んだとします。初めの1時間は調子がよかったけれど、電話が鳴ったり、上司からの急な依頼が入ったり、お客さまからのクレームが入ったりしていくうちに予定が狂っていく。人と関わるからこそ、思い通りに管理できないのが時間です。

割り込みの仕事がたくさん入る可能性がある人は、1日の仕事時間の30%(2時間程度)を空けておきましょう。割り込みの仕事がきたらカレンダーに入力して時間を確保。すぐに対応します。これなら予定通りですし、他の仕事にしわ寄せが行くこともありません。

私は30％の時間を空けていますが、これは経験値です。ただ、いろいろな職種の方と話をしても、このくらいの数字に落ち着くことが多いようです。

30％の空き時間に仕事が入らなかったらどうするのか。

これも解決策はシンプル。明日、明後日のカレンダーに入っている仕事を前倒しすればいいのです。

明日の1時間の仕事を前倒しして今日できれば、明日は1時間の余裕が生まれる。そこに明後日の仕事を回せばいい。実に単純な理論です。

私は、毎日メルマガの執筆に30分あてているので、1時間空き時間が生まれたら、2本分の執筆ができます。そこで2本執筆することによって、将来2本分の空き時間を確保できるのです。

予定を前倒ししたり、移動したりと時間割の変更をしやすいのがクラウドツールの特徴です。選択して、ドラッグ・アンド・ドロップ。それだけで移動は終了。紙の手帳は消して書き直す必要があります。変更にかかる時間はどちらが少ないか明白です。

割り込みの仕事が30％では消化できなかった場合はどうするのか。

これも全く問題ありません。今日やるべきだった仕事を明日に回せばいいだけ。もともとデッドラインを見て仕事をしているわけではありません。賞賛ラインを見て予定を組んでいます。そうなると、ほとんどの仕事が前倒しできている状況なので、時間の変更もたやすいでしょう。

急な予定が入り予定が狂うこともあります。先輩経営者に誘われて、イベントに急きょ顔を出すことになったこともありました。予定を詰め込みすぎて融通が利かない状態だと、そういったチャンスを逃してしまいます。私は講演や人との約束以外は、いくらでも融通が利くように予定を組んでいます。全てを前倒しでやっているからこそです。

Point

44

人が関わるものを先に行う

時間割による仕事術を極めていくと、一人でやる仕事は高い精度でこなせるようになります。社内で声をかけられても、あらかじめ余裕を持っておいた時間内で消化することができるようになります。

しかし、外部の人に依頼をしたり、提出を待っていたりするものは、予定通りにいかないことも。期限を守ってもらえなかったり、精度が低かったり。その結果、相手に振り回されて自分の仕事が後手に回ることもあります。

人をコントロールすることはできません。相手をコントロールしようとするのではなく、自分が行動してリスクヘッジするしかないのです。

だからこそ、私は人が関わる仕事を先に進めます。

自分が1時間でできる仕事が2つあったとします。一つは人に依頼して動いてもらうもの。もう一つは自分だけで完結できるもの。その場合は、前者（人が関わるもの）を先に進めます。その人が遅れるかもしれない、何かのトラブルに巻き込まれるかもしれない、急に病気になるかもしれない。何が起きるかわからないからこそ、できるだけ初動は早く。いくつものリスクを想定して、予定を組みます。

自分の仕事を予定通りに進めるためには、相手に余裕を持った依頼をする。期限をしっかりと伝える。途中で進捗を確認する。求める品質をしっかり伝える。いろいろとできることがあります。人に期待するのではなく、期待に外れても思ったものができあがるように、自分で仕切り、先回りしましょう。

Point
45

嫌な仕事もカレンダーに組み込めばやるしかない

やりたくない仕事がずっと残ってしまうことはありませんか。以前の私はそうでした。例えば、お詫びの電話をする。売り上げにつながらないような後ろ向きの仕事もそうです。苦手な相手とのコミュニケーションや、まとまった時間が取られる仕事も。

人には、好き嫌いがあって当然です。でも、やると決めた仕事。どうせいつかは、やらなくてはいけません。それが明日になったら、やりたいと思えるかというと、そうではないのです。

以前の私は先送り癖がありました。

「このお詫びの電話したくないなぁ」と思っているうちに一日が終わります。「明日になったら必ず電話をしよう」と心に誓います。しかし翌日、また翌日。気付けば1週間くらい経っています。そんなときに自分に対して言い訳を始めます。

「今さら電話しても、かえって迷惑ではないか？」
「大きなクレームになっていないから、このままでもいいのではないか？」

そして、結局なかったことにしてしまうのです。

これは客観的に見たらいけない行為ですし、お客さまを失うことにもなりかねません。「効率」で考えたら、新規客の獲得よりも既存客の維持のほうが簡単です。でも、感情で判断して「お詫びをしない」ことを正当化してしまうのです。

重要なのは、「決断」して「実行」すること。たったそれだけです。

強制的にやるにはカレンダーに入れてしまえばいい。時間割に「○○さんへ謝罪の電話」と15分ほどの予定を入れます。その時間になったら電話をかける。やりたくないこともタスクとして予定に入れれば無視できません。

子どもの頃、私は水泳が嫌いでした。自分で選択できるなら絶対にやっていないはず。でも、時間割で水泳の時間になったら仕方なくプールに向かうわけです。これが時間割の魅力であり強制力です。

TODOリストで管理すると「○○さんに謝罪」という業務が永遠に残ります。「いつ」が決まっていないので、やりたくないことは後回しに。そして、いつしか、なかったことにされていく。

でも、カレンダーに組み込んだらやるしかありません。

「苦手タスク」を実行したら「ご褒美タスク」を

私は苦手な仕事を入れた後には必ず、自分の好きな仕事を入れています。

例えば、毎日配信しているメルマガ『毎日0・1%の成長』の執筆。これはすごく好きな仕事です。1通30分くらいで書いていますが、許されるなら一日中書いていたいくらいです。気分の乗らない仕事の後に「メルマガ執筆」というタスクを入れて、モチベーションを維持しています。

他にも、Facebookを見て情報収集、本を読む、雑誌をチェックする、仕事に関わるセミナーの動画を見る。このあたりが私にとってのご褒美タスクです。

テンションが高まるタスクがない人は、嫌な仕事をやった後に大好きなコーヒーを入れる。気分転換にお菓子を食べる。このようなご褒美を自分にあげるのもよいでしょう。

楽しめることが一つもなくて全てが嫌な仕事だったら、正直その仕事は向いていないしやらないほうがいい。嫌々やっているものはミスも起こしやすく相手にも伝わります。

好きな仕事と嫌いな仕事をうまく配分して、自分にご褒美をあげてモチベーションを維持するようにしてください。

どうしても嫌な仕事に取りかかれないときでも「まずやってみる」という気持ちを持ちましょう。とても面倒な案件に感じていたけど、やってみたら「たいしたことなかった」ということもあります。「5分だけ頑張ろう」と思ってやり始めたら気持ちよく進めることができて、予定通り1時間集中できたということもあるでしょう。

Point 46
波に乗れる時間帯を知る

仕事の時間割が安定してきたら、パフォーマンスがさらに高くなる方法を考えます。具体的には、作業の順番や時間を変えることで、パフォーマンスにも変化が出ます。

私も仕事の順番を変えたりしながらスケジュールを微調整して、効率のよいポイントを探っています。

例えば、原稿を書く気分が乗っていたら明日、明後日に書く予定だった原稿を今、書いてしまう。その代わり、今日の仕事を明日に回す。

30分かかると思っていた作業が25分で終わるなら、その流れに身を任せる。5分の時間が短縮できたら、その5分でできる作業を前倒しする。30分かける予定だったからと作業時間をだらだらと延ばしたりはしません。

大切なのは、気分が乗っているときは、その波に乗ること。スピードアップの波に乗って一気に仕上げます。

誰だって常に気分が乗るわけではありません。作業をしていると気分が乗らないこともあります。そんなときは頭を使わない作業に切り替える。無理にやろうとすると、かえって時間がかかります。そのロスは気分が乗ったときの貯金で埋め合わせをしているから大丈夫。

今日が期限ぎりぎりなら、気分が乗らなくても無理矢理やらなくてはいけません。でも、時間に余裕があれば、仕事の順番を入れ替えて気分転換も図れるのです。

時間帯によって集中力と効率が変わる

私の場合、午前中は原稿作成などの仕事が向いていることがわかっています。夕方に原稿を書こうとすると集中力が一気に低くなり、倍くらいの時間がかかります。午前中に書いても、午後に書いても、1本の原稿には変わりないけれど、かかる時間が違う。それであれば、最短で済ませられる時間帯に着手したほうが効率はいいですね。

営業の方と話をすると、午前中にテレアポをすると獲得率が高いと言われることがあります。午前中のほうが集中して商談できるという人もいます。

黄金の時間帯は人によって違うので、自分の感覚で試してください。

一概に「朝が全て」のような考え方には違和感があります。仕事の内容によっても適した時間は異なります。複数のパターンを試して、自分に合ったものを見付けるのが一番です。

私は、深夜に仕事をしないと決めています。当然、徹夜もしないと決めています。

もし、朝からみっちり働いて20時以降も仕事をするなら、一度そこで中断してください。そして、家に帰ってすぐに寝てください。あと3時間かかることを23時までかけてやるつもりだったのなら、翌日始業時間より1時間半くらい早く出社して作業してみてください。

おそらく前日の予想の半分くらいの時間で済むはずです。

長時間、仕事をすると仕事の品質は低くなります。これは私自身も経験していますし周囲を見ても同様です。

自分の「勝ちパターン」を見極めよう

パフォーマンスが落ちたと思ったら、まずは休憩。集中力がなくなると生産性が低くなります。

文章を書いていても進まない。考えていても結論が出ない。そんなときは迷わず中断して気分転換をしましょう。ちょっとコーヒーを飲んでもいいですし、トイレに行ってもいい。2時間通してやるよりも1時間やって30分休憩。その後30分で仕上がるなら、そのほうが効率的です。

ただ、疲れがたまっている残業中は何度も休憩しないと集中力が維持できないことも多いので、そうなったら、諦めて帰るのがベスト。残業にかけた時間とパフォーマンスをチェックしてください。

私は今までにいろいろな本から集中力を高める方法についても学びました。そこで思うのは「本にあるのは一つの情報にすぎない」ということ。著者の主張が自分には当てはまらないケースもあります。

例えば、ラベンダーの香りで集中力が高まるという記述があったとします。でも、こういった香りが苦手な人は気になって集中できないかもしれません。コーヒーを1杯飲むと集中力が高まると言われても、コーヒーが好きではない人にとっては解決策になりません。

当てはまる人と当てはまらない人、うまくいく人といかない人がいるのは当たり前。

結局のところ、自分の勝ちパターンを見付けるのが一番。それがわかれば、その波に乗って繰り返すだけです。

Point

47

隙間時間にやることを決める

仕事はパズルだと思って取り組んでいます。30分、8時間、1分、30秒とさまざまなピースが組み合わさって仕事が構成されています。

私の仕事術は、無駄なピースを増やさないだけでなく、ピースの順番を自在に変え、処理していくことを重視しています。

だから「さ〜て、手が空いたけど、何しようかなぁ」と考えたこともありません。隙間時間にやるべきことを事前にいくつも準備しているからです。

3分の隙間時間にぼーっとする。そこに仕事が遅れる原因が潜んでいます。

「そのくらい、いいじゃないか」「仕事中に休むのは重要だ」

そういう声があるのも納得しています。

ただ問題は休むタイミング。それほど疲れていないのに、休む予定ではなかったけれどたまたま手が空いたからといって休憩するのは、時間管理ができていないことの証しでしかありません。

会議にみんなが集まってこない。来客があるが、まだ行くには早すぎる。パソコンが固まってしまって再起動しなくてはいけない。いろいろな理由で中断され、手が空いてしまうことがあるでしょう。

そんなときこそ後でやろうと思っていたものを今すぐやる。やれるものを見付けるのではなく、隙間時間にやれるものを事前に準備しておく。その結果、TODOが増えていきますが、無駄に仕事を増やさないためにも、TODOとして決めたことだけをやるべきなのです。

そして、休むときは徹底して休む。中途半端に休まない。休むと決めてしっかり休む。

隙間時間にできること

隙間時間にやれることは2種類です。

・すぐに終わる仕事
・中断が簡単な仕事

見開き2ページごとに話が完結するような書籍の執筆は中断しやすいタスクです。1分から2分で返信ができるメールの処理も同様です。もっと短い時間ならデスクの上の掃除も向いています。自分の予定の確認、すぐに終わる電話、ちょっとした事務作業、出張の準備（ホテルの予約など）。考えれば隙間時間でできそうなタスクはいくらでもあります。

私は10秒以上の隙間時間があれば、次のような業務を常にやっています。

【1分以内】
・目の前の書類の整理
・カレンダーのチェック

【1分から3分】
（右のものに加えて）
・Facebookへコメントをつける
・メールのチェック

・雑誌に目を通す
・ネットのニュースの拾い読み

【3分以上】
（右のものに加えて）
・本を読む
・出張のホテル予約
・新幹線の予約

どのくらいの時間があれば、何をするかを事前に決めておくだけで、そのような場面になったらすぐに対応できるようになります。

隙間時間は短いので、ぼーっとしているとあっという間に終わります。

このような仕事術の集大成が、私が定時で帰れている理由である「時間割仕事術」です。

冒頭でお話ししたような仕事を日々こなしているので「忙しそうなのに、よく執筆の時間を取れますね」と驚かれることがあります。

本は、一文字一文字の詰み重ねでできています。通常のビジネス書は10万文字くらいのボリュームです。私の場合、1時間で3000文字から4000文字くらい書けます。つまり、25時間から33時間くらいで一冊分のアウトプットはできる計算です。もちろん、その後に校正作業や細かい修正などもあります。でも、ざっくりとしたアウトプットレベルであれば、この時間で十分ですし、捻出できるラインです。

忙しいのは時間の使い方が下手なだけかもしれません。あなたの時間の使い方が適切かは時間割が教えてくれます。自分の時間割を30分、1時間単位で見てください。隙間時間は全くありませんか。

Point

48

毎朝5分で時間割をチェック・完成させる

時間割のPDCAサイクルが回せるようになってきたら、その精度を高めるための時間を確保します。

私は毎朝、「時間割のための神聖な5分間」を過ごしています。

自分の一日のスケジュールを見て、一週間、一カ月のスケジュールを俯瞰して、今日のスケジュールを微調整。たった5分ですが、この時間を持つことで一日の仕事の精度が高まります。

明日やる予定だったものを今日に回したり、1時間の予定を40分に変更したり。今日の時間割を完璧にしてから一日をスタートさせます。移動中の電車でやることもありますし、会社に着いてコーヒーを飲みながらリラックスしてチェックすることもあります。

このルーチンをしない限りは仕事を始めません。一日のスタートの儀式なのです。今日やるべきことが頭に入っていれば気持ちよく進められます。

山登りのための地図のようなものです。1日分の地図は完成していますから、途中でわからなくなったら地図を見ればいい。そして、厳密に予定通り進めて定時に帰る。この時間割があるから自信を持って実践できています。

カレンダーを使った時間管理は、慣れるまでは大変かもしれません。最初から将来の予定を細かく埋めるのは難しいかもしれません。

私もカレンダーを完成させるのは当日の朝です。2週間から3週間先のカレンダーは、5割から6割の埋まり具合で作っています。それを当日の朝、完璧なスケジュールに組み直します。

場合によっては9時から18時まで休みなく埋めて予定を組むこともあります。予定を埋めたら後は自分との闘いであるかのように粛々とこなすだけ。割り込みの仕事が入れば翌日のカレンダーに移動して、常にカレンダーを最新の状態にしています。

30分単位の小さなブロックの仕事をひたすらこなし、18時ちょうどにゴールを迎える。

私はほぼ毎日18時台には退社しています。長時間残業するとしたら、それはスタッフの手伝いくらいです。

毎朝5分間カレンダーと向き合う理由は他にもあります。

今日一日の仕事の手順をイメージし、仕事に取りかかりやすい状況をつくるためです。リハーサルの効果とでも言うのでしょうか。事前に手順や仕事の流れがイメージできていれば、スムーズに仕事を進めることができます。途中でつまずくことが少ないので安定して前に進めます。あたかも一度やったことがあるかのようにスタートできるので、本番はうまく作業ができるのです。

出先から会社に戻るときも、歩きながら頭の中でリハーサルをすることがあります。会社に戻ったらパソコンの電源を入れて、コーヒーを入れて、メールを処理したら○○の原稿を作成して、××さんに電話をかけて。

このように流れを決めて従うだけ。会社に着いたらカレンダーには30分の時間を取って「メール処理、○○の原稿、××さんに電話」と入力。さすがにコーヒーを入れるなどは書きませんが、頭の中でリハーサルするときはすべきこととして細かく流れをイメージしておきます。

Point 49

全てを記録する（仕事のログで次に備える）

カレンダーは仕事の記録そのものです。

通常、行動予定だけを残すことが多いですが、実施したログも残すべき。私は、Ｇｏｏｇｌｅカレンダーを利用してその都度、予定を書き換えているので自動的にログが残ります。

時間がかかると思っていたものが30分で終わったらカレンダーも30分に変更する。過去のカレンダーは仕事のログなので、どんなタスクが何分で終わったのかを確認できます。次に同じような業務が発生するときは、過去のログを見て時間を予測することもできます。

業務にかかる時間は正確に測定しておかないと感覚で考えてしまいます。

自分が好きな業務は早く終わっていると思いがちですが、実際、計測すると倍以上の時間がかかっていることもあります。

「PDCAサイクルで回しましょう」とよく言いますが、そのサイクルに乗っていないことが実は多い。ほとんどが計画して実施、そこで終わり。予測と結果が合っていたのかまで把握しなければ改善できません。

感覚で捉えるのではなく、実際にカレンダーに記録しましょう。時間を正確に把握することによって「思ったよりも早かったな」「なぜか時間がかかったなぁ」などと考えることができます。

これは手帳であっても同様です。予定と異なったのであれば、その都度カレンダーを消して直す。やはり、消せるボールペンは必須ですね。

時間割は上司とのコミュニケーションツールにもなる

仕事の経験が浅い若手社員は、自分で予定を立てるのが難しいかもしれません。

その場合は、まず自分で時間割を作り、それを上司に見せながら時間の使い方を一緒に見直してもらいましょう。

場合によっては「○○は別の人にやってもらおう」「××は、30分が標準時間だろうね」とヒントをくれるでしょう。

何より、仕事に対する時間管理の意識の高さに、口にしなくとも一目置かれる存在となることは明白です。そして、カレンダーによる時間管理という共通言語が手に入れば、時間管理が楽になることは間違いありません。

このカレンダーは、自分の予定が一杯なのを上司に説明するのにも使えます。

上司は、部下の仕事をきちんと把握しているようで、実は把握できていないことも。そのため「これもできるだろう」「まだ終わらないのか」と言ってきます。

そのときに、このカレンダーを見せたらどうでしょう。別の人に仕事を振ったり「この仕事はやらなくていい」と言われたり、「この仕事はもっと簡単な方法がある」とアドバイスしてくれたりするかもしれません。現状を正確に伝えられるし、コミュニケーションの糸口にもなります。

Point
50
退社時間を宣言する

本書をここまで読んで、定時の退社ができるかどうか、半信半疑ではありませんか。もしそうなら、まだ決断できていないのでしょう。

心のどこかに、残業をしても仕方がないという思いはないでしょうか。さすがに終電まではは仕事をしたくないけど、30分、1時間程度なら残業してもいい。家族との夕飯にちょうど間に合うよう30分くらい残業していこう。

こうやって考えていくと、仕事の密度がどんどん低くなります。タイムカードを押す会社なら、定時＋数分を目標に打刻したいものです。

早く帰るために、退社時間を宣言し合ってください。

「今日は、18時ちょうどに帰ります」
「今日は、18時40分の電車に乗れるように仕事を終わらせます」

「今日は、18時20分に出て友人と食事に行きます」

このように退社時間とちょっとした予定を伝えることがコミュニケーションにもつながります。社員間で退社時刻を宣言し合うことで、小さな約束が生まれます。

人は、自分との約束よりも他人との約束を守る傾向があります。

自分で「今日は19時に会社を出るぞ！」と決めてもだらだらと残ってしまうこともあります。「間に合わないかもなぁ」と思った瞬間に妥協しています。

終わらせるという強い意志ではなく、終わらなくても仕方がないという考えに支配されてしまうのです。

これを避けるために、先輩や上司（もちろん部下でも構いません）と「今日は18時に出ますね」と約束をしてください。たったこれだけで、時間通りに退社できる確率がぐんと上がります。

早く帰るためには、ある程度の強制力も必要です。帰ると決めたら帰る。早く帰る理由をつくりましょう。友人との食事でもいいですし、習い事でも構いません。それでも早く帰れないなら、高額な勉強会に申し込む、5分オーバーしたらキャンセルになるレストランを予約する。何かしらの強制力を働かせましょう。

人は、望んだものしか手に入れられません。本当に残業をしたくないなら、まずは心からその状態を望んでください。そうしないといつまで経っても変わりません。変わりたいと思ったら、そう強く願う。そこからスタートです。

Point
51

時給思考で基準を作る

今の仕事にかける時間や品質が適正なのか。会社に貢献できているのか、仕事量が多すぎて自分ばかりが損をしているのではないか。そんな思考に陥ってしまうことがあるかもしれません。まず、自分の貢献レベルがどの程度なのか、おおまかに把握しておく必要があります。

わかりやすいのが「時給思考」です。

1時間あたりどのくらいの価値を会社に提供すべきなのかをベースに考えます。ここではある会社員を例に考えてみましょう。

月給30万円で22日勤務。日々の労働時間は9時から18時までの実働8時間（休憩1時間）だとします。

30万円÷22日÷8時間＝約1704円

会社は税金の一部負担、労働環境などいろいろなものを提供してくれていますから、その倍くらいを最低ラインとしてざっくりと考えます。

わかりやすいように3500円を単価と考えます。これが1時間あたりに生み出さなくてはいけない価値。

この数字が把握できていれば、「この案件は、2時間で1万円の利益を生むからやったほうがいい」「この案件は、8時間で2万円の利益しか生まないから無理して受けないほうがいい」「この案件は、8時間で2万円の利益しか生まないが、その後も続く可能性があるから受けたほうがいい」、このように判断ができます。

弊社は、ビジネスメールのセミナー（参加費8640円）を開催しています。この商品なら2時間電話をかけて1枠販売できれば、その人は価値を生み出していると判断できます。

アルバイトを雇うときも、このラインを越えられるかで判断します。経営者はこのように判断していますが、雇われる側はそのようなことを考えずに働いています。そこで評価のズレが生じます。

「私は1時間で3500円の価値を会社に提供できれば合格ですよね。それなら1日3万円の利益を出せるように、営業活動を頑張ります」と先手を打ってもよいでしょう。

第3章では、相手の求める品質を見極めることの重要性をお話ししました。この時給思考も、そこに通じるものがあります。投下した時間の長さで評価されるのではなく、そこから上がった成果で評価されるべきです。

では、この人が内勤職だったらどうでしょう。

同じ時間単価3500円で考えたとします。その人が4日かけて経理処理をしたとしましょう。そこで生み出すべき価値は、金額換算をすると次の通りです。

3500円×8時間×4日=11万2000円

外注費がこれ以下ならば、外部に委託するのもありでしょう。

ただし、外部に委託するにしても、依頼者側にチェックする業務は発生します。そのため、ここで算出した数字はあくまでも最低ラインとして考えましょう。

このように目安になる数字を持っていると、もっと改善すべきなのか、現状でも貢献できているのかがわかります。

ここで取り上げた「時給思考」はあくまでもおおまかな基準にすぎません。しかし、これまで基準を持たず仕事をしていたとしたら、この思考を手に入れるだけでも効果が見られます。

この思考は、細かすぎる、厳密ではないと言われるかもしれません。でも、この思考がないと「だらだら作業を続ける」「無駄な作業に時間を投下する」ということにもなりかねません。あくまでも指標の一つですが、自分の時給はしっかり考えるべきです。

Point
52

「緊急」「重要」のタスクをやるな！

いつも目先の仕事に追われているならば、仕事の内容を一度吟味して整理する必要があります。緊急・重要によるタスクの分類は、誰もが一度はやったことがあるでしょう。

私も以前はTODOリストを作って、その仕事がどこに当てはまるのかをチェックしていました。いわゆる、【重要・緊急】のマトリクスです。

（1）重要×緊急
（2）重要×緊急でない
（3）重要でない×緊急
（4）重要でない×緊急でない

（4）の「重要でない×緊急でない」は、やらなくていい仕事。（1）の「重要×緊急」は、クレームなど緊急性の高いものだから、すぐにやらなくてはいけません。

私の以前の仕事は、（1）ばかりでした。それが何年も続きました。すると全く気が休まりません。土日休んで出社すると「重要×緊急」の仕事ばかり。当然、ストレスがたまります。

まずやるべきことは、この4分類の中で、どの割合が一番多いのか。自分の仕事を書き出し分類すること。おそらく「緊急」に分類される仕事が多くを占めているのではないでしょうか。

昔から言われているように、今ある仕事を分類して処理する場合、このマトリクスは有効です。でも、それ以前のところに大きな問題が隠れています。

「今日が締め切りだから、緊急だ」という状態は、問題を先送りにした結果です。「締め切りが近いからそろそろやらないと」「今日中に対応しないと」、そういった発言や思考が多い人は、いつも仕事に追われている感覚があるはず。

本来であれば、全ての業務を前倒しして対応。そして、緊急の案件をほぼ抱えていないというのが理想の状態です。

以前の私は、緊急性の高い案件が半数以上を占めていました。突発的な仕事が入ってきたら玉突き状態になり、別の案件が遅れます。それを解消するために毎日残業、土日も出社。完全に悪循環です。起業してからも、夜中の時間を使ってこれらを乗り切っていました。

ただ、それは対症療法でしかありません。根本的な解決にはなっていないのです。

私の今の業務をこのマトリクスで分類すると次のようになります。

（1）重要×緊急……………………5％強
（2）重要×緊急でない…………80％
（3）重要でない×緊急…………10％
（4）重要でない×緊急でない…5％未満

今、土日もしっかり休めているのは、「重要×緊急」の案件が発生しないように対応できているからです。

緊急な案件となる前に、根回しをして未然に防ぐ。処理できるものは事前に処理する。

全ての案件を賞賛ラインで対応して前倒しする。

たったそれだけですが、その行動が将来の余裕につながります。

Column

朝5時起きのススメ

「早寝早起き」「早起きは三文の徳」、このような言葉を聞いて育ちましたが、本当に重要だと感じたのはここ5年から6年です。朝は生産性が高まります。

ここで、私が朝晩どのような過ごし方をしているのか、参考までにお話ししましょう。

普段の私は5時に起床します。以前は7時半くらいでしたが、2時間半早めています。そのような生活をもう何年も送っています。

朝5時に起床して、ランニングをしたり、お風呂に入って読書したり、軽い朝食を取ったりします。頭がクリアな段階で、朝のうちにメールの処理をすることもあります。

入浴は湯船に浸かって30分くらい。汗がしたたり落ちるまで我慢します。本は、主に雑誌や小説が多いです。以前は、耐水タイプのメモ帳を持って入浴することもありましたが、そこまで生き急いで仕事をしているわけでもないですし、お風呂はリラックスタイムです。趣味の時間として、雑誌と小説の読書にあてています。

自然に起きられるように、朝日が差し込む部屋に引っ越しました。遮光カーテンは引かず、朝日が直接枕元まで入るようにしています。目覚ましは5時にかけていますが、目覚ましが鳴る前に起きるのが大半です。

家で仕事をしない場合は7時に出社。ぎりぎりまで家で仕事をしているときは9時（定時）に出社します。そのまま18時まで仕事をし、帰路につきます。

仕事柄、お客さまとの食事が多いのですが、大体21時台に解散。たまに、一人会議と称して、居酒屋で思考を巡らすこともあります。それでも22時過ぎまでには家に帰ります。

安眠のために夜にミルクを飲む人もいるようですが、私の場合は水を飲むくらいです。ソファーで軽く横になりながら、テレビのニュースをチェック。すぐに眠くなるので、そのままベッドに向かいます。

平均すると23時にはベッドに入っており、毎日の睡眠時間は6時間から7時間程度は確保できています。寝ていない自慢をする人がいますが、もう「睡眠時間自慢選手権」に参戦することはなくなりました。睡眠時間、本当に大事です。

いろんな安眠テクニックがありますが、その人に適したものを選ぶのが一番。私はリズムを大事にしています。眠くなったらすぐ寝る。起きたくなったら起きる。眠れないと思うことが月に1回くらいありますが、そのときは眠くなるまで本を読んでいます。

睡眠時間や、睡眠前後の行動も記録してみると、自分の睡眠サイクルが見えてきます。あくまでも、自分の眠れるパターンを見付ける。そして、それを繰り返すのが一番でしょう。

Chapter

5

メールに時間をかけるな

大量のメールを手早くさばくにはコツがある

Point
53

メールの時間を年間100時間削減する

私が、無駄が多いと思うものは、会議や打ち合わせの時間、移動時間、そしてメール処理の時間です。この中で、自分で率先してコントロール可能なものがメールです。

プロローグでまとめたように「一つのことに集中する」「情報を一元管理する」「繰り返しの業務の効率を突き詰める」「一つ一つの作業スピードを上げる」という仕事のスピードを上げるポイントが全てメールでも実現できます。

だから、メールの処理時間の削減は大きな効果が見込めると考えています。

そもそもメールにどのくらいの時間をかけているか、測定したことはありますか。

もしくは、考えたことはあるでしょうか。

多くの人はなんとなくメールを使っているので、たくさんの時間を費やしているという意識がありません。

仕事でのメールについて毎日平均、受信約40通、送信約12通というデータ（一般社団法人日本ビジネスメール協会「ビジネスメール実態調査２０１７」。以下、同調査より）があります。

この数字を見て少ないと思うかもしれません。でも、考えてみてください。メールを１通書くのに平均６分という結果から計算すると、１日に平均で72分使っていることがわかります。

仮に読むのが1分だとすれば、それだけで約40分。合計で１１２分。毎日メールの処理だけで、２時間弱を費やしている計算です。

私の場合は、１日に受信３００通、送信１００通程度ですが、２時間程度で全ての処理を終わらせています。これが世の中の平均的な速度だったら、書くのに６００分。読むのに３００分。合計９００分（15時間！）と、これでは仕事になりません。

私はメールの処理量が増えるたびに、どうやったら繰り返しの作業がなくなるか、通数を減らせるか、作成時間を減らせるか、正しく伝わるか、細かく突き詰めてきました。だからこそ、2時間程度（世の中の平均の1割から2割の時間）でこれだけの通数を処理できているのです。

一般の人でも、一日の仕事時間のうち20％くらいの時間をメールに使っています。これを意識している人は非常に少ないのが現状です。会議の時間や移動時間は、その時間が大きなブロックとして時間割に組み込まれ、可視化されるので意識しやすい一方で、メールはかけている時間が可視化されにくいため、問題に気付きにくいのでしょう。

実は、このメールの時間を削減することが、時間短縮の大きなポイントになるのです。

メールの処理時間を把握する

まずは、どの程度メールに時間を取られているのかを測定してみてください。1週間の受信メール、送信メールの通数を数えてください。

ここからメールの業務改善がスタートします。

メールの処理にかかる時間は次の数式で示せます。

書く時間の合計（1通あたりの書く時間×通数）
＋
読む時間の合計（1通あたりの読む時間×通数）
＋
メールを整理する時間

送受信の通数を減らせればトータルの時間も減ります。書くスキルを上げることで、1通あたりの作成時間も削減できます。メールを速く読むテクニックを身に付ければ読む時間も減らせます。普段からメールを整理整頓したり、自動振り分けの機能を活用したりすれば、メールを探す時間も減らせます。

通数が減れば時間も減る

まず、届くメールを減らすところから考えます。

届いたメールは、基本的に全て目視しているはず。そして、「読むべきか・処理すべきか」をその都度判断しています。不要だと思っていても目には入るので、そういった不要なメールが届かないようにします。

不要なメルマガや営業メールは受信を解除するか、ゴミ箱に直行するように自動振り分けをしましょう。

「Ｄｅｌｅｔｅキー を押せばいいや」と思っているかもしれませんが、キーを押すのも時間がかかります。１年で何回、不要なメールを削除するためにＤｅｌｅｔｅキーを押すのでしょう。１日に10通、不要なメールがあれば年間３６５０回もＤｅｌｅｔｅキーを押しているわけです。

メール特有のＣＣやＢＣＣによる共有も通数を増やします。自分が入るべきではないならば、送信者に言って外してもらいましょう。

CCに入れていると「きちんと見てくれている」という思い込みが生まれます。しかし、CCに入っているメールは軽くしか見ない人が大半。そのため、情報共有に漏れが生まれることもあります。

「とりあえず」という意図で入れられているCC、「受け取る必要がないぞ」と思うCCからは率先して外れるようにしましょう。

Point 54

メールは型を覚えれば処理できる

メールを書くためには「考える」「書く」という2つのプロセスがあります。これをいかに簡略化するかがポイントです。

まずは「型」を手に入れてください。これによって悩むことが減り、考えなくて済むようになります。

私はビジネスメールの専門家として、何万人もの方にメールの「型」を教えてきました。ちなみに、「ビジネスメール」「ビジネスメールコミュニケーション」という2つの商標権は私の会社が持っています。そのくらい、メール教育の業界を牽引してきた自負があります。

では、プロから見てメールの無駄がどこにあるのか。それを順に見ていきましょう。

メールは7つのパーツでできている

メールは「型」で構成されています。「宛名」「挨拶」「名乗り」「要旨」「詳細」「結びの挨拶」「署名」。この中で、頭を使わなくてはいけないのは要旨と詳細のみ。その他のパーツは機械的に考えるだけでいいのです。

わかりやすいところからいきましょう。

例えば署名。これは最初に設定したものを自動的に挿入することができます。最低限、名刺と同程度の情報が含まれていれば問題ありません。

締めの挨拶も同様です。「よろしくお願いいたします。」が基本。さらに、検討を促すメールなら「ご検討よろしくお願いいたします。」、確認を促すなら「ご確認よろしくお願いいたします。」、やり取りが続くなら「引き続きよろしくお願いいたします。」、やり取りがいったん終了するなら「今後ともよろしくお願いいたします。」、このように自分のパターンを用意しておき選ぶだけ。1秒もかかりません。

冒頭の宛名は、私の場合、社内なら「名字＋さん」のように決めています。社外に送るときは、「会社名、部署名、フルネーム＋様」で初めは送ります。良好な関係が構築されてきたら「フルネーム＋様」に変えます。いつまでも、会社名、部署名をしっかり書く人がいますが、メールはビジネス文書ではありません。相手との距離を見定めながら、ある程度簡略化していくべきです。

ちなみに、会社名や名前を間違えるのは御法度。相手は絶対に気付くだけでなく、印象が悪い。かといって間違いを恐れて何度も名前をチェックするのは非効率。会社名や名前はコピペするべきです。「渡邉」「渡邊」などは入力するよりもコピペしたほうが確か。コピペなら細かいチェックも不要です。コピーする箇所を間違っていないか、確認はその程度で十分です。

挨拶は「いつも」＋「大変」＋「お世話になっております。」の組み合わせで考えましょう。そんなにお世話になっていない（もしくは関係が近い）なら「お世話になっております。」、深い感謝があるなら「いつも大変お世話になっております。」などと自分の中で程度を設け、書き分けることもできます。

挨拶や名乗りは単語登録しておくと便利です。いちから入力するのに比べて速く、打ち間違いも防げます。

考えるべきは、要旨と詳細です。

そのメールに書いてあることを、ひとことで言うと何なのか。これからどんなことを伝えようとしているのか。それを書くのが「要旨」です。プレゼンも全体像から詳細に入りますが、それと同じです。要旨の一例を挙げましょう。

「〇〇サービスの料金についてご相談があり、メールをお送りしました。」
「打ち合わせの日程についてご連絡いたしました。」
「〇〇の進捗状況の確認で、ご連絡いたしました。」

要旨を書かずにいきなり詳細を書き始めると、相手も全体像が理解できません。そのため、理解が不十分になったり、誤解が生まれたりすることもあります。

要旨を書いたら次は詳細です。詳細は、６Ｗ３Ｈなどのフレームワークを使い、情報の抜け漏れを防ぎましょう。

例えば、会議の招集の連絡をして相手から「その会議はいつ終わりますか？」「どんな準備が必要ですか？」「誰が参加しますか？」のように質問がきたら情報が不足している証拠。相手から質問がこないようなメールがベストです。

全ての情報が網羅されることによって、相手からの質問を抑制できます。質問が入ったらメールの通数が増えます。返事のメールを１通書くのに６分かかるなら、どのくらいの削減効果があるのか考えるまでもありません。

まとめると、メールの7つのパーツの中で、宛名、挨拶、名乗り、締めの挨拶、署名の5つは考える必要がありません。定型化できる内容はテンプレートを作っておくと便利です。

ほぼ機械的に処理できるものが多ければ、その分、他の箇所に時間を使えます。だからこそ、メールの基礎をしっかりと覚えるべきです。

メールの基礎をしっかり学びたい方は拙著『誰も教えてくれなかったビジネスメールの書き方・送り方』(あさ出版)をお読みください。私の書籍の中で全体を一番網羅して解説している一冊です。

言葉のバリエーションを増やす

メールを書くときに、敬語にこだわる人がいますが、丁寧語で十分。丁寧語も複数のバリエーションを持っておきましょう。

最近、若い方とメールをしていて「大変恐縮ですが」という言葉が多用されているのが気になりました。なぜ、ここまで恐縮するのかと聞いたら「このくらい恐縮していたら、どんな事柄もまかなえる」という主旨の話がありました。それは誤りです。軽度なものから重度なものまで、全てこの言葉を使うと、受け取ったほうは違和感を覚えます。「大変恐縮ですが」という言葉を常に使っていると、状況に適した気持ちが伝わりません。

効率を求めていつも同じ言葉を使うのは得策だとは言えません。かえって誤解を与え、非効率な結果を招くこともあります。

読みやすいメールが届くようにする

メールを読むスピードを上げようと思ったら、読みやすいメールが届くようにすればいい。開いた瞬間にそのメールの意図がわかる。眺めるだけで全体像が瞬時につかめる。そういったメールが届けば、処理速度が飛躍的に高まります。

そのため、同じチームのメンバーと共に基礎をしっかり身に付けてください。周囲のメンバーのメールがうまくなれば、メールを読む時間を減らすこともできます。

型にのっとったメールを書く、読みやすいレイアウトで書く、簡潔なメールを書く、情報の過不足がないメールを書く。

これらはメールの研修を受けてルールを学べば、ある程度は身に付きます。本を読んで学習するだけでも一定の効果は望めます。

もしくは、ご自身がよいメールを書いて周囲のお手本になってください。それを見て相手も改善します。周囲のレベルアップも、自分の効率化につながるのです。

Point

55

過剰品質なメールを書かない

本書では、「過剰品質」を避けるべきだと何度も書いていますが、メールにも「過剰品質」が存在します。

書いたメールを何度もチェックする。場合によっては、上司に添削してもらう。これもお互い時間の無駄です。難易度が高いメールは別として、日常のやり取りは何度もチェックしなくても、上司に見てもらわなくても送れるようにすべきです。そうしないと、上司の時間がいくらあっても足りません。

絶対に間違ってはいけない箇所をチェック

メールを書くときの注意点を押さえておけば「これで大丈夫かな」と不安になることも減ります。

企業名、名前、商品名、金額、日付などは絶対に間違ってはいけない箇所なので、しっかりチェックすべきです。企業名、名前、商品名は必ずコピペする。いちいち入力するといつか間違いが発生します。その「いつか」がいつ起こるかわかりません。どんなに仕事術に長けた人でも、間違いは起こると思ってください。コピペできない場合は、細心の注意を払って入力しましょう。

日付は、必ずカレンダーを見てチェック。記憶に頼ってはいけません。さらに「8／31」ではなく「8／31（木）」「8月31日（木）」のように、日付と曜日をセットにすることで勘違いするというリスクを回避できます。

回答の漏れをなくす

同調査によるとメールで一番不快に思われるのは「質問に答えていない」こと。質問の回答漏れがないかはチェックすべきでしょう。

私の場合、返信では後述する「部分引用」を使っています。それによってメールがQ&A形式になるので回答漏れはありません。

回答漏れがあると、意図的に回答しなかったのかと勘ぐられるかもしれません。答えにくいから回答しなかったのではないか。何か都合が悪いことがあるのか。そのように思われないためにも回答漏れはなくしましょう。

丁寧さの演出はクッション言葉で十分

丁寧なメールを書くことに時間を費やしすぎる人がいます。

通常のメールは簡潔にわかりやすく書ければ十分。丁寧な気持ちを伝えたいなら「恐れ入りますが」「お手数ですが」などのクッション言葉を使うだけでも違います。このクッション言葉も10くらい覚えておいてパターンに分けて使えばいい。

それでも気持ちが伝わらないと思うなら、電話をしてください。メール1通に15分以上かけるなら、もうそれは仕事とは呼べません。電話をして15分以内で終わらせる。メールにこだわる理由はありません。

自分のメールの品質が高すぎないか。丁寧すぎて逆に読み手の理解を阻害していないか。その点も考えてみるべきでしょう。「過ぎたるはなお及ばざるがごとし」、です。

Point 56

メールは見直さない

メールをチェックする箇所と回数は最低限にしましょう。何度もチェックして完璧を目指す必要はありません。

前項でまとめたような、企業名、名前、日付、商品名、金額などチェックするポイントを絞り、重点的にチェックすれば十分です。

私の場合、それ以外の箇所はチェックしないので、たまに助詞の間違いなど軽度なミスがあります。今よりも20％多く時間をかければ、これらのミスを減らすことはできます。撲滅に近い状態に持っていけるでしょう。

でも、そこまでして完璧に近づける必要はあるのでしょうか。

仮に、誤字がある状態でどんな問題が発生するでしょう。

・念のための確認がくる
・心証が悪くなる（雑に見える）

この2つくらいです。

心証に関しては、いつもの仕事ぶりで挽回できるので重視していません。もちろん、信頼関係ができていない相手に対してはいつも以上にチェックします。でも、こちらのことを信頼してもらっている場合は、ほぼノーチェックで送っています。送る相手によってチェックの度合いを変えています。

わかりやすく言うと、ふだんコミュニケーションが取れている社員はノーチェック。外部の仲のよいお客さまは1回チェック。それ以外のお客さまは2回チェック。重要度の高いメールは印刷して1回チェック。このようにチェックの回数や方法をレベルに分けておけばいいのです。

念のための確認がくるとしても、誤字があるメールの数十通に1通くらい。それであれば確認がきたときに2分から3分で、お詫びに加えて正しい情報を出すメールを書けばよいでしょう。リスクも少ないですしトータルの時間も大幅に削減できます。

初めは丁寧なメールでも、最後は誤字を恐れずチェックの回数を減らしていく。距離の近い上司と部下の関係であれば、そのような送り方でもよいでしょう。その分、コミュニケーションが取りにくいお客さまのメールをチェックすることに時間をかけるべきです。

Point 57

メールは1分で返信する

私のメールの処理時間は1通につき平均1分以内。このペースで仕事をしています。読むだけのメール（メルマガ、社内からの報告メールなど）は30秒程度。読みにくいメルマガは容赦なく受信を解除します。読みにくいメールは仕事のペースを乱すだけ。

以前、信州大学の先生とメールの読みやすさに関して実験をし、日本心理学会に発表しました。その実験でわかったのが、読みやすいメールを書くと倍くらい速く読めるということ。しかも、速く読めるメールのほうが誤解は少ないということ。

本書は比較的、読みやすいのではないでしょうか。それは、適度に改行を入れたり、行間を取ったり。空白を見せるようにしているからです。

さらに、わかりにくい表現を排除し、一文を短くするようにしています。句点までは、長くても40文字から50文字。このペースで一文を作るとテンポもよく、読みやすくなります。

メールでもそれが大事です。私はメールの作成で培ったノウハウを書籍に応用しているにすぎません。

部分引用

先にお話しした通り、私がメールの返信をするときには「部分引用」を使っています。以前は「全文引用」を使うこともあったのですが、部分引用のほうが、トータルで入力する文字数が減る、質問と回答が対になっているので書きやすいし読み手も誤解しない、回答漏れが起こりにくい――、このような特徴があり、部分引用を使っています。

部分引用は、まだマイナーな印象があるかもしれませんが、社内や関係性の近いお客さまなどには利用しても支障はないでしょう。私は15年以上、部分引用を使っていますが業務に全く支障はありません。

全文引用は、相手のコメントを全て読んだ上で返信文を考えます。そのため要約力も求められます。さらに相手からの質問への回答漏れが起こりやすいため、実は難易度が高いと言えます。メールの返信に費やす時間だけを考えたら部分引用が効率的でしょう。

Point 58

移動中にメールをチェック

メールを1分で処理するために、移動中もスマホでメールをチェックして仕分けをしています。

メルマガなどは、パソコンでじっくり読むよりスマホで流し読みをするのに向いていますす。移動中にメールを仕分けしておくと、会社では必要なメールを見るだけです。

ちなみに、新幹線や飛行機でメールの処理をしている人を見かけますが、クライアント名もばっちり出ていますし、内容もなんとなくわかってしまいます。

今後、情報漏洩のリスクはますます高まり、そこに対する目はシビアになります。もし、問題が起こったら、その対応に大量の時間を使うことになります。そうならないようにリスク回避すべきです。

パソコンの画面がのぞき見される可能性があるところではメールを処理しない。壁に背中を向けて作業をするなど、注意が必要です。

私も電車に乗りながらスマホでメールを見るときは、壁側に背中をつけています。背後は絶対に取らせません。

Point 59

1日に300通のメールをさばく

私は毎日300通のメールを処理しています。メルマガや営業メール、スタッフからのメール、お客さまからのメール、Ｆａｃｅｂｏｏｋからの通知、セミナーの申し込みなど、メールを処理しているそばからメールが届く状態です。

メールは今すぐ見るべきもの、担当が別にいるもの（後で見ればよい）、見る必要がないが受信しているものなど、いくつかのパターンに分類して処理しています。

見る必要はないが受信しているもの

なぜ、見る必要がないメールを受信解除しないのか不思議でしょう。

仕事をしていると、このようなメールも受け取らなくてはならないことがあります。その代表格が、システムが勝手に送ってくるメールです。システム側で配信を止められないものもあります。

メルマガの内容を後で検索したいけど、今は読みたくないものもあります。

例えば、書評家のメルマガを何本か取っていますが、参考資料として後でまとめてチェックしています。今すぐに読む必要がありません。

未読メールとして視界に入ると処理したくなるので、そのようなメールは、自動振り分けで既読状態にしてフォルダに格納します。

メールが届くと全て既読にしたがる人がいます。そのような人は「既読＋フォルダに移動」をすぐに実践してください。

振り分けフォルダを細分化しすぎない

メールには自動振り分けという便利な機能があります。ある条件（送信者のアドレスが一致するなど）に合致したら自動的に所定のフォルダに振り分けられます。便利な機能ですが、実は使い方次第ではかえって不便になるので要注意。

私も数年前までは、お客さまごとにフォルダを作り自動でメールを振り分けていました。メールが届くたびにお客さまのフォルダをクリックしてメールをチェック。お客さまごとにフォルダがあるので、クリックの回数は当然増えます。ある日「人生であと何回クリックするのだろうか？」「このクリックはそもそも無駄ではないか？」、そう考え、非効率な現状に気付きました。

こうしてメールの仕分け方法を変えました。今すぐ見なくていいメール（メルマガ、SNS関連などがその代表格）は専用フォルダを作って自動振り分け。手が空いているときに1日2回から3回くらい読むようにしました。

セミナーの申し込みメールなどもフォルダを作って自動的に格納されるようにしました。このセミナーの申し込みはスタッフが対応するので、私は1日に1回チェックをすれば十分。

それ以外のメールは全て受信トレイに届くようにしました。

自分自身が処理者ではないもの

セミナーの申し込みは全てスタッフが対応するなら、受け取らなくてもいいではないかと言われそうですが、やはりどのくらい申し込みがあるかは知りたいわけです。

問い合わせがあったら、対象のメールアドレスや名前でメールボックスの中を検索します。過去にどのような接触をしているかわかったほうがいいので、こういった申し込み関連の情報も全てメールに残しておきます。

セミナーなどの申し込みはフォームを介して送られてきます。そのため、件名はこちらで任意に設定できます。『【登録通知】時間管理セミナー』のように件名を固定してフォルダに自動振り分けをします。この場合は、未読状態のままにしておき件数を可視化。ちょっとした息抜きや帰り際にまとめて見るようにしています。

今すぐ見るべきもの

今すぐ見るべきものは受信トレイにそのまま入るようにしています。

お客さまからのメール、社内のメール、重要度の高いメルマガ。全てを1カ所に集めています。

企業名や個人名ごとに分けると優先順位を自然とつけてしまいます。「あの上司は苦手だから後で見よう」「このお客さまは好きだから今すぐ見よう」、このような行動の連続が効率を落としています。

意味のない優先順位に惑わされないように、処理すべき全てのメールを1カ所に集めるのです。

今すぐ処理すべきメールをどうやってさばいていくのか。

まずは、優先順位をつけずに古いものから順に開封します。1分以内で返事ができそうだと思ったら、メールの本文は読まずに返信ボタンを押す。そして、メールを読みながら部分引用で返信内容を書いていきます。

パッと見て時間がかかりそうなものは、いったんスターマーク（Ｇｍａｉｌ固有のフラグのようなもの）を付けます。スターマークは色分けができます。

そのときにトリアージの概念を用います。大規模災害などで、けが人が多数いるときに軽度・重度などと選別をして治療の優先順位をつける手法です。

私の場合は、黄色は後で読む（選別前の未読メールも含む）、赤は重要、青は時間ができたら熟読、このように色分けしています。

毎朝、１００通以上のメールがたまっています。それをこのように仕分けして一日がスタートします。２分以上かかるメールは隙間時間に処理します。

ウェブサイトをいじって疲れたら、１通から２通のメールを処理。コーヒーを入れてくつろぎながら１通から２通のメールを処理。私の場合、隙間時間にやるべきものがメールの処理です。

Point 60
メールは消さない

送信、受信、全てのメールをこまめに消しているという話を聞きます。

「要らないから消している」という方もいますが、その消すという作業自体が時間の無駄です。


昔は、メールサーバーの容量が少なかったのですが、今では状況も変わりました。

ＧＳｕｉｔｅのＧｍａｉｌはもともと30ＧＢの容量が用意されています。私のようなヘビーユーザーでも、10年使ってまだ上限に達していません。

しかも、年間２５００円支払えば容量が１００ＧＢまで一気に増えます。

今やメールの通数が増えても検索スピードにはほぼ影響がありません。
そうなるとメールを消すメリットがないのです。

私はメールは消さずに既読のものを非表示にしています。これならば視界に入らないのでストレスがありません。

メールボックスもカスタマイズして【未読】（新規メール）、【スター付き】（未処理メール）、【受信トレイ】（既読、非表示）にしています。

いろいろな使い方をしてみましたが、これが一番、利便性が高いと感じています。

Column

動画は1・5倍速から2倍速で見る

私は仕事柄、いろいろな人の動画を見ています。私自身、ビジネス実践塾という動画を利用した経営者向けの教育コンテンツを配信しています。お客さまが動画のコンテンツを利用しているケースは多く、私も目を通しています。

昔は、素直に全部、目を通していました。ただ、内容を理解するだけなら目を皿のようにして見る必要はありません。

今は動画再生ソフトで1・5倍速から2・3倍速にして見ています。「そんなに速くて内容がわかるんですか」と聞かれますが全く問題ありません。

初めは1・5倍速くらいで見ていたのですが、徐々に慣れて今では2・3倍速くらいまでは聞き取れます。

多くのセミナー講師の話を聞いてきましたが、間を取ったり、聞き取りやすいようにゆっくり話したりしているので、実は、再生速度をあげても聞き取りやすいケースが多いのです。

この手法を取り入れてから仕事のスピードが一気に上がりました。仮に10時間の動画なら2倍速で5時間。２・３倍速では４時間20分くらいで終わります。元が10時間ですから、これだけで半日強の時間が短縮できる計算です。

この話を知り合いの経営者にしたところ「私はドラマも倍速で見ていますよ」との返事が来ました。

ドラマをただの情報収集としているなら、それもありでしょう。でも、ドラマは「間」を楽しむもの。そこに役者の技量が反映されます。それを倍速でショートカットしてしまうと機微がわかりません。それはもったいないなぁと思いました。

価値観は人それぞれ。時間を得るために何を犠牲にするのか。バランスが大切です。

ちなみに私は、テレビドラマは一切見ません。毎週、拘束されるし、次回が気になって仕方がありません。録画してもいいのですが、正直面倒。そのため、気分転換はテレビドラマではなく映画にしています。もちろん、再生は通常の速度です。

Epilogue

0.1%の成長

会社員時代の私は、自分の時間をたくさん会社に捧げることがよいことだと考えていました。進んで残業をし、土日に出社することもありました。でも、その考えが間違っていたことに気付きました。

重要なのは、生産性を高め、少ない投下時間で最大限の利益を上げられるようにすること。

何度もやり直しをして、時間を無駄に使う。リスクを予見できず、トラブルの収拾に時間を使う。これは本来不要な時間ですから無駄でしかありません。

時間はつくろうと思ったら、いくらでも捻出可能です。会社に時間を捧げる必要はありません。早く帰って、体調を整え、家族や友人とリフレッシュして、新しい日を迎える。そのほうが会社に対して貢献度が高いと思います。

すっきりリフレッシュして翌日を迎える人と、いつもあくびをして眠たそうな目をして働いている人。仮に労働時間は後者のほうが長かったとしても、評価はされないでしょう。

自分の人生です。それがあと20年あるか、50年あるかわかりません。

このまま仕事だけで一生が終わるのは、ちょっと寂しい気がしませんか。

私の主張はこうです。しっかり働き、自分のための時間をたくさんつくり、有効に活用する。別の言葉で言うならば「効率的に働き、とっとと帰る」ということです。

本書では、いろいろなノウハウをお伝えしています。これを全てやるのはハードルが高いかもしれません。会社が指定する方法があって変更できないかもしれません。

しかし、考え方を取り入れることはできるはず。

本書の中でできそうなことを「自分ルール」として取り入れてください。

現状は、過去の行動の積み重ねです。今のままを積み重ねた将来でいい人は何も変える必要がありません。しかし、現状維持のままが嫌ならば未来を変えるべきです。その未来を変えるのは日々の行動の積み重ね。ただそれだけです。

私は、『0・1%の成長』という考え方をベースに活動しています。

昨日と今日、今日と明日をたった0・1%でいいので変えてみよう。本書を読んで、0・1%くらいはきっと変わったはず。

たった1000分の1の変化です。他の人から見たら、全く気付かないくらいです。しかし、この小さな変化を1年間続けたらどうでしょう。

1・001×1・001……これを365回繰り返します。1年続けると、1・44。10年続けると、38・4になります。こういった小さな習慣の積み重ねが、将来の自分をつくり出すのです。

行動を変えないと未来は変わりません。

いつか変わろうではなく、変わるなら今しかありません。

本書が、行動を変えるきっかけになれたら嬉しいです。

profile

平野 友朗（ひらの ともあき）
株式会社アイ・コミュニケーション　代表取締役
一般社団法人日本ビジネスメール協会　代表理事
ビジネス実践塾　主宰

筑波大学卒業後、広告代理店勤務を経て独立。メディア掲載1000回以上、著書25冊のビジネスメール教育の第一人者。メールのマナー、営業力アップ、効率化を中心に官公庁や企業などでのコンサルティングや講演・研修は年間120回を超える。ビジネス実践塾を主宰し、小規模事業者にマーケティングやブランディングのノウハウを提供している。メールマガジン『平野友朗の思考・実践メルマガ【毎日0.1%の成長】』を発行。
http://www.sc-p.jp/

仕事を高速化する「時間割」の作り方

2017年10月29日　第一刷発行
2017年12月24日　第三刷発行

著　者　　平野友朗
発行者　　長坂嘉昭
発行所　　株式会社プレジデント社
〒102-8641
東京都千代田区平河町2-16-1 平河町森タワー13階
http://president.jp　　http://str.president.co.jp/str/
電話　編集（03）3237-3732
　　　販売（03）3237-3731
販　売　　高橋 徹　川井田美景　森田 巌　遠藤真知子　末吉秀樹
装　丁　　長 健司
イラスト　伊藤逸雄
編集協力　直井章子
編　集　　桂木栄一　小澤啓司
制　作　　関 結香
印刷・製本　凸版印刷株式会社

© 2017 Tomoaki Hirano
ISBN978-4-8334-2252-9
Printed in Japan
落丁・乱丁本はおとりかえいたします。